学前融合教育理论与实践

主　编:高春玲　陈晓蕾
副主编:谢　燕　曾　慧　王　姗
　　　　梁　双　周叙辰　王　秋

重庆大学出版社

图书在版编目(CIP)数据

学前融合教育理论与实践／高春玲，陈晓蕾主编
. -- 重庆：重庆大学出版社，2022.12
（学前融合教育丛书）
ISBN 978-7-5689-3129-8

Ⅰ.①学… Ⅱ.①高…②陈… Ⅲ.①学前教育—教
学研究 Ⅳ.①G612

中国版本图书馆 CIP 数据核字(2022)第 235952 号

学前融合教育理论与实践
XUEQIAN RONGHE JIAOYU LILUN YU SHIJIAN

主 编:高春玲 陈晓蕾
副主编:谢 燕 曾 慧 王 姗
梁 双 周叙辰 王 秋
责任编辑:陈 曦 版式设计:张 晗
责任校对:邹 忌 责任印制:张 策

*

重庆大学出版社出版发行
出版人:饶帮华
社址:重庆市沙坪坝区大学城西路 21 号
邮编:401331
电话:(023) 88617190 88617185(中小学)
传真:(023) 88617186 88617166
网址:http://www.cqup.com.cn
邮箱:fxk@ cqup.com.cn (营销中心)
全国新华书店经销
重庆市联谊印务有限公司印刷

*

开本:787mm×1092mm 1/16 印张:10.5 字数:202千
2022 年 12 月第 1 版 2022 年 12 月第 1 次印刷
ISBN 978-7-5689-3129-8 定价:48.00 元

总　序

　　学前融合教育是一个国家闪现人性光辉的重要篇章。我国学者在探索具有中国特色的学前融合教育之路上筚路蓝缕、艰苦卓绝地走过了近 30 年，取得了初步的成绩。但从全国学前教育范围来看，其普及度和影响力还不甚显著。

　　从中国目前的现状来看，由于各种原因所致，有特殊教育需要的幼儿与日俱增，但我国众多在托幼机构工作的学前教育工作者对这些特殊幼儿如何进行学前融合保教和教育康复并非都了然于胸，虽有助特殊幼儿之心，然因缺少对学前融合教育相关理论的了解和实践，在实施学前融合教育时会有难以找到抓手之惑，或有捉襟见肘之感。由此，教学实际情况呼唤着学前融合教育相关的理论和实践书籍的出版。

　　昆明学院的学前教育与特殊教育学院唐敏院长率领其团队顺应现实之需，倾情全力撰写了这套由《学前融合教育理论与实践》《特殊幼儿心理及教育》《特殊幼儿教育康复》《学前融合教育中个别化教育计划的拟订与实施》四本著作构成的"学前融合教育丛书"，兼具理论性、渗透性和实操性等特点。

　　理论性体现在对理论和模式的具体阐述上。

　　《学前融合教育理论与实践》一书开宗明义地说明了学前融合教育的含义及意义，特别着重于多元文化、建构主义以及人类发展生态学等理论的介绍，对学前融合教育中的体系、形态以及联合模式都进行了认真梳理。

　　《特殊幼儿心理及教育》则将陈鹤琴等学者的特殊教育理论以及皮亚杰等学者关注特殊幼儿发展的理论纳入视角。

　　渗透性体现为与幼儿园课程及家园乃至社区共育的紧密结合。

　　《学前融合教育理论与实践》介绍了对各类特殊幼儿进行学前融合教育应关注"家园共育"和"社区共育"。

　　《学前融合教育中个别化教育计划的拟订与实施》陈述了为各类特殊幼儿设计与实施了个别化教育的教学活动。

　　《特殊幼儿心理及教育》一书将对各类特殊幼儿的教育纳入"家-园-社区-康复机构"协同教育的范畴。

　　《特殊幼儿教育康复》着重于在幼儿园的生活活动、学习活动、游戏活动以及户外活动中对各类特殊幼儿进行教育康复。

　　实操性体现为对制订计划、教育和康复方法进行清晰而详细的陈述。

　　《特殊幼儿教育康复》针对各类特殊幼儿，翔实地说明了如何通过幼儿园的生活活动、学习活动、游戏活动以及户外活动对其进行认知、言语、运动、情绪和社会适应的教育康复方法。

《学前融合教育中个别化教育计划的拟订与实施》一书则阐述了对各类特殊幼儿进行个别化教育计划制订的流程、内容以及教育评估与诊断、课程评量、个别化教育计划会议等细节。

鉴于上述这套丛书兼具理论性、渗透性和实操性等特点,我们有理由相信,阅之能让学前融合教育理念更加深入人心,广大一线幼儿园教师据此也能掌握更多与学前融合教育相关的方法和策略,从而真正促进特殊幼儿和普通幼儿的身心发展。

是以欣为序。

华东师范大学　周念丽

2022 年 7 月 13 日于瀛丽小居

前　言

1994 年联合国教科文组织召开世界特殊需要教育大会并发布了《萨拉曼卡宣言》,强调:"每个儿童都有受教育的基本权利,每个儿童都有其独特的兴趣、能力和学习需要;教育制度的设计和教育计划的实施应该考虑到这些特性和需要的广泛差异;有特殊教育需要的儿童必须有机会进入普通学校,而这些学校应以一种能满足其特殊需要的儿童中心教育学思想接纳他们;普通学校应向绝大多数儿童提供一种有效的教育,提高整个教育系统的效率并最终提高其成本效益。"华东师大周念丽教授指出:"学前融合教育是指让有特殊教育需要的学前儿童进入普通幼儿园,与一般儿童共同接受保育和教育的教育形式。"在学前教育阶段,鼓励普通幼儿园敞开怀抱接纳特殊需要幼儿,无论从构建和谐社会的宏观角度看,还是从尊重每一个儿童生存权利的微观视角看,都有着积极的意义。

2021 年 12 月 31 日,国务院办公厅转发《"十四五"特殊教育发展提升行动计划》,为新时期融合教育的高质量发展明确了方向和目标,同时也为学前融合教育的发展提供了有力的支持。国家对学前融合教育给予了高度的重视,在这个大背景下,广大学前教育工作者应该勇于担当,为学前融合教育支持体系的建设与完善贡献力量,让融合教育不仅仅停留在理想或者理念上,而是成为广泛推行的实践,让每一名儿童享有公平而有质量的教育。

昆明学院学前与特殊教育学院立足昆明学院附属幼儿园、附属儿童发展中心,从 2017 年 3 月起开展学前融合教育实践,本书即此实践的成果之一,由一批开展学前融合教育实践探索的高校教师、一线幼儿园和康复中心教师撰写,聚焦学前融合教育工作,理论密切结合实践进行阐述,并在各章节提供了丰富的案例和拓展学习资料,着力于对开展学前融合教育的幼儿园给予实在的指导。本书可作为高校学前教育、特殊教育等相关专业的教学参考书籍,也可作为开展融合教育的幼儿园教师、特殊教育学校教师、资源教师等相关人员的岗位培训教材。

全书紧扣幼儿园开展学前融合教育的需求,系统介绍了学前融合教育的相关理论和具体做法。全书共八章,各章具体编写人员如下:第一章,曾慧、王姗;第二章,谢燕;第三章,王姗;第四章,曾慧、王姗;第五章,王秋、周叙辰;第六章,曾慧、梁双;第七章,陈晓蕾、王姗;第八章,谢燕、曾慧、梁双。全书最后由高春玲、陈晓蕾统稿。

本书在编写过程中,参考了有关专著、教材和期刊论文等资料,虽然尽量做到明确标注,但难免挂一漏万,在此对未列入的参考文献的作者,表示诚挚的歉意,书中如有疏漏和不妥之处,敬请专家、同行和广大读者不吝赐学,批评指正为感。

高春玲　陈晓蕾

2022 年 10 月于昆明学院听心湖

目　录

第一章

绪 论

◎ **本章聚焦**

　　1.学前特殊儿童

　　2.学前融合教育的概念

　　3.学前融合教育的意义

◎ **本章结构**

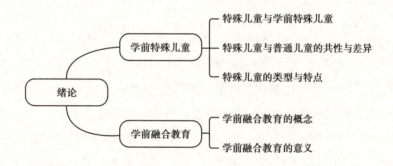

【小案例】

合合①

　　合合,男,4岁半,本学期从其他幼儿园中班转到我园,来幼儿园一个月了,合合几乎不与其他小朋友说话,不和任何人沟通,行为态度极其随意,生活不能自理;学习专注时间极短,没有一刻是安静下来的,经常独自一人离开座位去玩。在活动中表现霸道,常常与其他幼儿抢玩具,或是打小朋友,几乎每天都被老师批评。合合很喜欢绘画,每幅画里都有一只小兔子。老师对他束手无策。经过了解,合合父母在企业做高管,工作较忙,几乎没有时间和合合沟通交流,合合主要由爷爷、奶奶照料,老人比较溺爱他,对他百依百顺,样样事情包办代替,但是在家与他沟通也较少。

―――――――――

　　① 本案例由昆明学院附属儿童发展中心曾慧撰写。

1.你觉得合合和普通幼儿有什么不一样?

2.当碰到类似合合这样的孩子时,老师该如何进行处理?

第一节　学前特殊儿童

在日常生活中,你有没有碰到过特殊儿童呢?你了解特殊儿童吗?你知道哪些儿童是特殊儿童?特殊儿童跟正常儿童有什么不同?幼儿园里是否应该接收特殊儿童?如果接收特殊儿童,又该如何开展工作呢?

＞　一、特殊儿童与学前特殊儿童

当进入到幼儿园的一个班级时,我们会发现,这些幼儿虽然处于同一年龄阶段,但是不同个体之间仍然有非常大的差异。即使是相同性别的孩子,也有非常大的差别。例如在身体素质方面,有的儿童比较健壮,但有的比较瘦弱;在动作发展方面,有的动作非常灵活,有的则动作极不协调;在口语表达方面,有的儿童善于交际,而有的语言发育迟缓甚至不说话;在智力发展方面,有的儿童思维敏捷,有的则反应迟钝。这让我们不禁产生疑问,和普通儿童相比,有些孩子确实显得很特别,这些孩子是特殊儿童吗?

【小案例】

佐佐①

佐佐,男,3岁4个月,小班。观察发现佐佐还处于咿呀学语阶段,不能进行正常的口语交流,表达需求时,只能通过用手指的方式,导致班上幼儿无法与他沟通,渐渐地开始不再与他玩耍。经教师向家长了解,佐佐长期由爷爷奶奶照顾,祖辈比较溺爱他,精细化喂养,还在吃流食,水果都是榨汁或者切成小块进行食用;平常在家沟通也比较少,佐佐喜欢干啥就进行啥活动。

【大思考】

你觉得佐佐是特殊儿童吗?针对佐佐的情况,教师应该怎样做?

---

① 本案例由昆明学院附属儿童发展中心曾慧撰写。

【分析】

针对佐佐的情况,教师向家长提出以下建议:一是配合幼儿园调整幼儿的饮食结构,鼓励幼儿尝试正常饮食,促进口腔咀嚼。二是平常要与幼儿多沟通,鼓励幼儿多表达,例如:把零食和玩具放在高处,幼儿能够看得见但是够不着的地方,诱导幼儿用口语表达后再给予。三是增加幼儿同伴玩耍交流的机会,经常带幼儿到游乐场或者到亲戚家玩,创造与同龄小伙伴玩耍的场景,在这个过程中,鼓励佐佐模仿和开口交流。

每一个儿童都是独立的个体,独一无二,无法复制。每个儿童在身体特征和学习能力上存在着差异,每个人都有自己的性格特质、行为模式和表达方式,但大多数儿童之间的差异相对较小,因此可以集中起来进行普通教育。与此同时,部分儿童的身体特征或学习能力与普通儿童存在着显著差异,这些差异可能表现为高于普通人,也有可能低于普通人。由于这种显著差异,普通的集中教育无法满足他们的教育需求,必须接受个别的特殊教育方案和支持才能满足他们的教育需求,我们把这一类儿童称为特殊教育需要儿童。

(一)特殊儿童

对特殊儿童的认识,可以从广义和狭义两个方面来理解。

1.广义的理解

从广义上讲,特殊儿童是指与普通儿童在各方面有显著差异的各类儿童。这些差异可表现在智力、感官、情绪、肢体、行为或言语等方面,既包括发展上低于普通的儿童,也包括高于正常发展的儿童以及有轻微违法犯罪的儿童。在《美国特殊教育百科全书》中,则把特殊儿童分为天才、智力落后、身体和感官有缺陷(视觉障碍、听觉障碍)、肢体残疾及其他健康损害、言语障碍、行为异常、学习障碍等类型。

美国特殊教育专家柯克和加拉赫认为,特殊儿童通常既包括残疾儿童又包括天才儿童,是指在以下几方面偏离常态的儿童:①智力特征;②感觉能力;③神经运动或身体特征;④社会行为;⑤交际能力;⑥多种缺陷。这个定义强调了特殊儿童在生理、心理和行为方面具有偏离常态的特征。

特殊儿童是在某方面与普通儿童不一样的儿童,就好比大数据中的两个极端,可能特别优秀,也可能特别落后。包含残疾儿童,也包含天才与神童。残疾儿童是指生理上心理上智能上或社会适应能力上有缺陷的儿童。特殊需要儿童就是那些因与普通儿童不一样,需要特殊的照顾与服务的儿童。残疾儿童肯定有特殊需要,但天才与神童也需要特殊教育与服务,不然也会特长得不到发展。

1994年6月10日,88个国家政府与25个国际组织的代表在西班牙萨拉曼卡市召开了"世界特殊教育大会",通过了著名的《萨拉曼卡宣言》,提出学校要接纳所有儿童,满足所有儿童的需要。无论其身体、智力、语言、情绪或其他身体状况如何,无论民族、性别、年龄、国家、经济条件如何,包括天才儿童、智力障碍儿童、童工、处境不利或边缘群体等所有儿童。该宣言将特殊儿童定义得非常宽泛。

2.狭义的理解

狭义上讲,特殊儿童专指残疾儿童,即身心发展上有各种缺陷的儿童,又称"缺陷儿童""障碍儿童"。包括智力残疾、听力残疾、视力残疾、肢体残疾、言语障碍、情绪和行为障碍、多重残疾等。各个国家规定的具体种类数量和名称不尽相同,例如美国的法令规定残疾儿童有13类,日本的法令规定有8类。2011年我国《残疾人残疾分类和分级》国家标准规定,特殊儿童按照不同残疾类型分为视力残疾、听力残疾、言语残疾、肢体残疾、智力残疾、精神残疾和多重残疾7类。

1978年英国发布《沃诺克报告》,提出应用"特殊需要儿童"或"特殊教育需要儿童"来指代特殊儿童。彰显了对特殊儿童差异性的尊重,也反映了特殊教育理念的变革。实际运用时,受到长期习惯的影响,依然常常使用"特殊儿童"一词。

(二)学前特殊儿童

雷江华认为,具有特殊需要的儿童即为特殊儿童,而具有特殊需要的零到六七岁儿童即为学前特殊儿童。周念丽指出,特殊婴幼儿是一个极为特殊的群体,他们既有普通婴幼儿心理发展的一般特点,又存在各种身心发展障碍。

> 二、特殊儿童与普通儿童的共性与差异

特殊儿童与普通儿童的发展既有共性,又有差异,而且共性远大于差异。这是目前国内外大多数特殊教育学者已经形成的共同认识。

(一)共性

特殊儿童首先是儿童,其次才是有特殊需要的儿童,所以无论生理上还是心理上,特殊儿童和普通儿童都存在很多共性。特殊儿童的发展也遵照人类的一般性规律。

1.发展阶段的一致性

特殊儿童与普通儿童一样,随着年龄的增长,其身高、体重、体型、结构、机能等都在自然地生长变化,经历人的一生各个阶段,从胎儿阶段开始,经历婴儿阶段、幼儿阶段、少年阶段、青年阶段、中年阶段、老年阶段。

2.由简单到复杂发展的顺序性

特殊儿童与普通儿童一样,发展遵循顺序性。顺序性指的是人的发展是一个由低

级到高级、由简单到复杂、由量变到质变的过程。例如,思维发展首先要经历感知运动阶段,然后发展至前运算阶段和具体运算阶段,最后才达到形式运算阶段。

3.遗传、环境的共同作用

影响人的发展的主要因素可分为两大方面:遗传和环境。遗传因素即内在因素,如生物有机体的生理成熟;环境因素即外在因素,如自然环境和社会环境等。对人的发展而言,家庭影响、学校教育及社会环境是主要的环境因素。特殊儿童和普通儿童一样,在其发展中,都受到遗传、环境和教育的共同作用,但这并不是各占若干比例或简单相加的关系,而是一种相互交织、渗透和影响的关系。遗传和环境的作用在人发展的各个阶段和不同个体身上,表现出不同的形式和不同的相互作用方式。遗传因素是发展的自然前提,为发展提供了可能性;环境因素在这种发展的可能性转化为现实性的过程中,发挥了至关重要的作用,并对这种可能性所能达到的现实水平具有决定性作用。不论特殊儿童还是普通儿童,遗传是个体发展的物质前提。遗传素质是人的发展的生理前提,为人的发展提供了可能性;同时早期环境所提供的早期经验对儿童的发展也有重大的影响。

4.心理需求是发展的内因

生物遗传素质、社会环境和教育在人的发展中各自起着重要的作用,生物遗传素质仅仅是物质基础;社会环境和教育则是发展的外部条件,是外因;而人的主观因素则是发展的内因,是至关重要的,将对人的发展的速度和水平起决定性作用。特殊儿童和普通儿童一样,心理需求是发展的内因。

(二)差异性

特殊儿童与普通儿童之间的差异是客观存在的,主要在表现以下几个方面:

1.特殊儿童的身心缺陷明显多于普通儿童

大部分特殊儿童都有生理和心理的缺陷,这些缺陷妨碍了他们以正常的方式或速度学习和适应,其发展会产生较多的问题,易引发第二性缺陷。例如,盲童的视觉器官有缺陷,他们不得不利用听觉、触觉等来感知外界事物。由于失去接收外界信息的视觉通道,他们对一些事物的认识往往不够全面。聋童由于听觉器官有缺陷,对其语言学习会产生不利的影响,而语言发展的局限性又会妨碍其抽象思维的发展。肢体残疾儿童在动作技能的发展上会受到很大的限制,有时生活难以自理。智障儿童的智力有缺陷,他们学习知识和掌握技能比普通儿童晚,起点低,速度慢,所能达到的水平一般也有限。

2.特殊儿童的自身发展差异明显大于普通儿童

个体内差异通常是指个体内部各种能力之间的差异。特殊儿童由于障碍不同,各种能力的发展不平衡,差异特别大。例如,有些孤独症儿童的记忆力非常好,而语言理解力、人际交往能力又特别差;有些聋童虽然听不见声音,但手眼协调能力却非常好;有些脑瘫儿童,智力受损程度不大,但是在运动方面就有很多问题。因此,对特殊儿童的教育康复要根据其个体特点进行。

3.特殊儿童个体之间的发展差异明显大于普通儿童

特殊儿童个体之间的差异非常大。个体间差异既包括不同类型的特殊儿童之间的差异,又包括同一类型的特殊儿童之间的差异。例如,超常儿童与智障儿童分别代表了智力水平较高和较低的两类儿童,这两类儿童之间有极大差异。又如,盲童接收外界信息的方式明显不同于聋童及其他儿童。但即使属于同一类型的特殊儿童,因造成其发展异常的原因不同,每个儿童的个体特征也不同,例如有些孤独症儿童有口头语言,而有些孤独症儿童是无口语的。正是由于特殊儿童之间存在着较大的差异,所以,在对其实施教育康复之前应该进行评估和具体分析。

4.特殊儿童的学习和生活适应明显差于普通儿童

特殊儿童的特殊教育需要还表现在学习和生活适应方面。特殊儿童往往难以适应学校的教育教学要求,在人际交往和社会活动方面也面临较多困难,需要接受特殊教育和特别辅导,对新环境和陌生人特别敏感。例如,普通学校的教学内容对超常儿童可能过于容易,而对于智障儿童则可能太难。对大多数聋童和盲童而言,他们可能无法适应普通学校的教学方式,普通的教学方式无法满足其需要。学校需要根据特殊儿童独特的教育需要设计课程和教材,采取个性化的教学方式,采用不同的教学与策略,特殊儿童才可能获得发展。

每个儿童身心的发展有自身固有的规律,身体成熟的发展、运动的发展、语言的发展等都有各自的先后顺序,它是一切发展的基础。虽然有些特殊儿童的生理缺陷显而易见或无法改变,但其生长发育过程(如发展顺序、发展阶段等)和普通儿童并无不同,并且有着相同的心理、要求及愿望,存在各方面能力发展的潜能,只是发展速度较普通儿童慢一些,遭遇的困难多一些。但多数特殊儿童在智力、感官、情绪、身体、行为、言语或沟通能力上与正常儿童有明显的差异,其某些方面的特殊发展依赖于专业的教育和康复训练,否则其特殊发展是无法实现的。

> 三、特殊儿童的类型与特点

不同障碍类型的特殊儿童有不同的特点,需要采用不同的教育策略。我国特殊儿童主要在特殊学校接受教育,比如,听障儿童上聋哑学校、盲人儿童上盲人学校,这种方式有利有弊。特殊学校师资、设施集中,对某一类特殊儿童可以根据其障碍特征,对症下药。但这种方式不利于特殊儿童融入社会,不能回归主流社会。

(一)特殊儿童的类型

对特殊儿童的分类,通常依据特殊儿童身心特性为标准。特殊儿童的分类反映了教育专业人员对特殊儿童的看法与态度,显示一个国家的特殊教育目标,所以特殊儿童如何分类、各类儿童如何称呼,颇受学者重视。

不同国家或地区在不同时期从不同角度进行分类。从医学或心理诊断角度,可按异常或残疾的种类划分,如区分为天才儿童、智力落后儿童、聋童、盲童、行为障碍儿童等;从残疾程度的角度,可再对每类儿童分为极重度、重度、中度、轻度或边缘;从致残时间的角度,可分为遗传性、先天性和后天性;还可以从致残原因、受教育方式等角度来划分。有些国家不对特殊儿童按残疾种类分类,仅称为有特殊教育需要儿童;也有的为了教育方便仅按程度而不考虑残疾种类划分,把轻度学习障碍、情绪障碍等残疾儿童划为一类进行教育。中国《残疾人保障法》将残疾人分为视力残疾、听力残疾、言语残疾、肢体残疾、智力残疾、精神残疾、多重残疾和其他残疾。2006年第二次全国残疾人抽样抽查分别把视力残疾、听力残疾、言语残疾、智力残疾、肢体残疾、精神残疾各分为4级。

美国2004年《残疾人教育促进法案》(简称IDEA)把特殊需要儿童分为学习障碍、言语或语言障碍、智力障碍、情绪障碍、多重障碍、听觉障碍、肢体运动障碍、其他健康障碍、视觉障碍、孤独症、聋-盲、外伤性脑损伤、发展迟缓共13类,并对每一类都作了定义。目前,国际上大多数国家沿用"IDEA"的界定。

以上分类,都没有包括超常儿童,是对特殊儿童按狭义理解所作的分类。对特殊儿童还有一种广义的理解,那就是把普通儿童以外的各类儿童都算作特殊儿童。那样,就把超常儿童包括在内了。按照广义的特殊儿童所作的分类,中国台湾地区的分类值得一提,其在有关特殊教育的规定中认定:特殊儿童包括身心障碍和资赋优异(即超常或天才)等两类人群,其中身心障碍包括智能障碍、视觉障碍、听觉障碍、语言障碍、肢体障碍、身体病弱、严重情绪障碍、学习障碍、多重障碍、孤独症、发展迟缓以及其他显著障碍等12类。

根据我国目前特殊教育发展的现状,我国的特殊教育对象只是狭义上的特殊儿童,即残疾儿童。

(二)学前特殊儿童的特点

学前特殊儿童不同障碍、不同个体之间差异性大,但是普遍存在以下特点:

1.感知觉迟钝、缓慢

特殊儿童普遍存在感知觉迟钝、缓慢的现象。在生活中,刺激物如果不是十分醒目、鲜明、体积大,并且呈现的时间长,他们是不能感觉到的,单位时间内接受外界信息明显少于普通儿童。例如,如果你叫特殊儿童的名字,他可能需要反应一段时间才能应答。

2.注意力不集中

特殊儿童通常注意力容易被分散,容易被其他的声音和事物所吸引。特别是在课堂上,经常被教室外的声音或事物所干扰,表现为不能专注听讲,需要教师经常提醒。同时注意的广度也不及普通儿童。

3.机械识记优于意义识记

由于特殊儿童对事物理解能力较差,对许多识记材料不理解,不会进行信息加工,只能死记硬背,进行机械识记。大部分特殊儿童的机械识记优于意义识记,特别是智力障碍儿童和孤独症儿童。

4.语言能力薄弱

特殊儿童语言问题是普遍存在的问题,包含孤独症、智力障碍、听力障碍、脑瘫等障碍类型,80%都存在语言障碍、发音困难,只懂几个极简单的命令。即使有极少数的特殊儿童会说话,但说的也是极简单的句型,内容贫乏,往往没有办法表达自己的意思。

5.抽象思维能力差

特殊儿童对抽象概念,如数学、推理、方位等,很难掌握理解,往往依靠反复练习形成条件反射和记忆,如果把这些抽象概念隔一段时间或者转换到另一个不同的场景,特殊儿童就难以辨认和理解。

6.情绪波动大

特殊儿童情绪波动较大,容易激动兴奋和情绪低落,一会儿会号啕大哭,马上又破涕为笑,容易被一件事情引起不相对应的情绪反应。

7.意志力差

特殊儿童普遍意志力较差,碰到困难不是寻找办法解决,而是选择放弃。遇见很小的困难都会哭泣或者去找老师,他们没有办法独自努力去做有难度的学习,例如搭积木碰到困难,特殊儿童会哭闹或者寻求老师帮助,不会坚持自己去尝试。

8.生活自理能力差

特殊儿童普遍存在生活自理能力差的现象,例如到了中大班,有些特殊儿童兜着纸尿布,不会自己穿鞋。有部分特殊儿童是精细动作不足,导致无法完成这些动作;有些是因为家长不够重视生活自理能力的培养,更加注重认知、语言等能力的康复训练;

还有就是因为父母溺爱孩子,特别是祖辈照护的特殊儿童,包办太多,导致特殊幼儿的生活能力太差,习惯性地依赖他人;还有一些家长因为工作的原因,或者忙于去康复训练,就没有给到特殊儿童去学习、训练生活自理能力的机会,都是家长代劳的比较多,导致生活自理能力差。

9.刻板的行为和兴趣

刻板的行为和兴趣主要体现在孤独症的小朋友身上,有些可能喜欢爬楼梯,有些喜欢坐电梯,有些喜欢转圈圈,还有的喜欢闻他人的头。

10.感觉统合异常

特殊儿童往往伴随着感觉统合异常,例如触觉比较敏感,他人不能靠近接触;听觉比较敏感,听不得吹风机的声音或者小朋友吵闹的声音;或者追求前庭觉的刺激,喜欢滑滑梯和从高处往下跳。这些都是感觉统合异常的表现。

【小案例】

瑶瑶①

瑶瑶,女,4岁9个月,医院诊断为孤独症谱系障碍,中班时转入我园。刚开始时,不能进入到班级,一去就紧张,特别是小朋友集体回答问题或者朗诵时,都会用手堵住耳朵。喜欢绘画活动,但是每幅画都是画九只兔子和一个小朋友。康复训练时,只要旁边的老师或者小朋友拿出好玩的玩具,她都转头看向另一边。

【大思考】

瑶瑶存在的主要问题是什么?

【分析】

瑶瑶的主要问题如下:第一,感知觉异常,经过观察和询问家长得知瑶瑶听觉敏感,教师建议可以考虑给瑶瑶佩戴耳塞,减轻声音对瑶瑶的刺激,经过实践,瑶瑶畏惧进入班级的情况明显好转。第二,刻板的行为和兴趣,画画的时候只能出现兔子和一个小朋友,经过询问,这画的是瑶瑶和她的九个好朋友。刻板行为是孤独症谱系障碍幼儿的核心特点。教师就根据这一特点,通过刻板行为来不断拓展瑶瑶的能力,例如要求瑶瑶和她的好朋友一起去动物园,并画一幅画。第三,注意力不集中,容易被别的事物所吸引。

---

① 本案例由昆明学院附属儿童发展中心曾慧撰写。

第二节　学前融合教育

特殊教育发展是衡量人类文明发展水平的标志之一,是衡量社会公正与教育公平的重要指标。国家中长期教育改革和发展规划纲要都将特殊教育作为教育事业发展的重要组成部分,体现了党和国家发展特殊教育事业的决心和信心。学前特殊儿童与其他儿童一样享有教育权、生存权与发展权。党的十九大报告中明确提出要实现"幼有所育""弱有所扶""努力让每个孩子都能享有公平而有质量的教育",党的二十大报告中再次强调"教育公平"。2022年1月,教育部颁布《"十四五"特殊教育发展提升行动计划》,指出:"大力发展非义务教育阶段特殊教育。积极发展学前特殊教育,鼓励普通幼儿园接收具有接受普通教育能力的残疾儿童就近入园随班就读。"

特殊教育的发展,融合是趋势,普通学校应当承担主体责任,为有特殊教育需要的儿童提供公平包容的发展环境;推进融合教育发展,提升教师的融合教育专业能力,满足儿童青少年的特殊教育需要,促进中国教育高质量发展,是实现《中国教育现代化2035》发展目标的必然要求。

＞　一、学前融合教育的概念

融合教育强调为身心障碍儿童提供正常化的教育环境,在普通班中提供所有的特殊教育和相关服务措施,使特殊教育和普通教育融为一体,这是国际特殊教育的发展趋势。随着我国残疾人事业的发展,对特殊儿童受教育权利的关注和保障程度日益提升。2017年,融合教育首次写进《残疾人教育条例》。随后,《第二期特殊教育提升计划(2017-2020年)》《中国教育现代化2035》《"十四五"特殊教育发展提升行动计划》等文件均提出全面推进融合教育,在学前教育阶段扩充残疾幼儿学前教育规模,除普通幼儿园积极招收残疾幼儿外,还鼓励特殊教育学校增设学前班或附属幼儿园,资助家庭经济困难的残疾幼儿接受学前教育。《"十四五"特殊教育发展提升行动计划》明确指出,"积极发展学前特殊教育,鼓励普通幼儿园接收具有接受普通教育能力的残疾儿童就近入园随班就读,探索适应残疾儿童和普通儿童共同成长的融合教育模式"。

2022年2月,教育部发布的《幼儿园保育教育质量评估指南》,指出:"遵循幼儿身心发展规律和学前教育规律,尊重幼儿个体差异,坚持以游戏为基本活动,珍视生活和游戏的独特教育价值。""一日活动安排相对稳定合理,并能根据幼儿的年龄特点、个体差异和活动需要做出灵活调整"。

（一）融合教育概念及发展

融合教育又译为全纳教育，是 20 世纪 90 年代初期国际特殊教育领域出现的一种新思想和做法。1994 年 6 月联合国教科文组织召开的"世界特殊教育大会"通过了《萨拉曼卡宣言》，强调："每个儿童都有受教育的基本权利，必须获得可达到的并保持可接受的学习水平之机会；每个儿童都有其独特的特性、兴趣、能力和学习需要；教育制度的设计和教育计划的实施应该考虑到这些特性和需要的广泛差异；有特殊教育需要的儿童必须有机会进入普通学校，而这些学校应以一种能满足其特殊需要的儿童中心教育学思想接纳他们；以全纳性为导向的普通学校是反对歧视态度，创造受人欢迎的社区，建立全纳性社会以及实现全民教育的最有效途径；此外，普通学校应向绝大多数儿童提供一种有效的教育，提高整个教育系统的效率并最终提高其成本效益。"

关于"融合教育"，不同学者有不同的定义："保证所有残疾学生与其他学生共享学校所有方面活动的一种实践"；"对所有残疾儿童提供一种正常化的教育体验"。美国全国教育重构和包含（全纳）研究中心（NCERI）的定义是："对所有学生，包括有重大残疾的学生提供得到有效的教育服务的平等机会，包括得到需要补充的工具和辅助性服务并安置到附近学校与其年龄相适应的班级，以达到使学生在社会中像所有成员一样富裕地生活。"

美国、英国、德国、日本、加拿大和澳大利亚等国家融合教育相关研究和实践，不断丰富完善融合教育的理论研究、政策法规，并从不同维度、途径去开展融合教育实践的探索。同时许多发展中国家，例如智利、秘鲁、南非等也开始尝试开展融合教育。

在我国，特殊儿童的教育问题也受到特别的重视。早在 1986 年的《关于实施〈义务教育法〉若干问题的意见》中就指出"办学形式要灵活多样，除设特殊教育学校外，还可在普通小学或初中附设特殊教学班。应该把那些虽有残疾，但不妨碍正常学习的儿童吸收到普通中小学上学"。文件第一次明确提出可正常参与学习活动的特殊儿童都应该进入普通中小学就读学习。1995 年《关于开展残疾儿童少年随班就读工作的试行办法》出台，我国特殊儿童的教育形式，逐步确立成"随班就读是主体，特殊学校是骨干"的整体格局，随班就读的教育形式得以确立起来，在我国融合教育发展上具有重要意义。但此时的融合教育仍需依靠特殊教育学校为前驱开展。

近年来，我国越来越重视特殊教育事业的发展，融合教育事业的发展也得到极大的关注。2017 年新修订的《残疾人教育条例》强调"积极推进融合教育，根据残疾人的残疾类别和接受能力，采取普通教育方式或者特殊教育方式，优先采取普通教育方式"。我国融合教育已由政策走向实践，逐渐壮大，全国各地积极开展和推进特殊儿童随班就读的教育教学改革试验,以实际行动发展具有我国自身特色符合我们现实情况的融合教育事业。从党的十八大"支持特殊教育",党的十九大"办好特殊教育",到党的二十大"特殊教育普惠发展"可以看出党和国家对特殊教育的重视程度和支持力度在不断加大。

中华人民共和国成立 70 多年来,特殊儿童的教育事业发生了根本性改变,我国残疾人教育体系日趋完备,残疾儿童少年义务教育普及水平显著提高,残疾人非义务教育稳步发展。提倡努力发展融合教育,并要求特殊教育公共支出持续增长,成为我国教育和社会事业发展的一贯的政策主张和行动。华东师范大学邓猛教授指出,在特殊教育的安置形式上总体呈现出多元安置朝向融合的趋势。当前我国特殊教育的安置形式主要包括普通班、特殊班、特殊学校、康复机构、托养机构以及送教上门等形式,形成了以特殊学校为骨干、以特殊班和随班就读为主体,以送教上门为补充的安置格局。但这与国内外特殊教育的融合趋势不相符。所以,下一阶段我国特殊教育的发展要以普通学校的融合教育为主流趋势,同时不排斥其他安置形式,使各级、各类、各障碍程度的儿童都能获得适合自身发展需要的教育。

(二)学前融合教育概念及发展

学前融合教育是在学前阶段实施的融合教育,是针对有特殊教育需求幼儿或者是以身心障碍幼儿为主的教育。学前融合教育将学前阶段的身心障碍儿童与普通儿童安置在同一间教室一起学习,强调提供身心障碍儿童一个正常化的教学环境,在班级中提供所需的特殊教育和相关服务措施,使特殊教育与普通教育融合为一个系统。华东师范大学周念丽将"学前融合教育"定义为:有特殊需要的学前儿童进入普通幼儿园,与普通儿童共同接受保育和教育。

越来越多的人意识到早期教育对人的一生都产生重大的影响。《儿童权利公约》中提到融合教育是特殊儿童的权利,要保证每一个儿童都能享受到其应有的权利,当前所提出的学前融合教育旨在为 3~6 岁的有特殊需要的幼儿提供一种常态化的教学环境,而不是把他们隔离和孤立开来。同时考虑到幼儿的特殊发展需要,依据每个特殊幼儿的身心发展状态,为其提供适合的发展方案和相关的服务举措,让有特殊需要幼儿能够拥有与普通幼儿共同游戏、共同学习的权利,促进特殊幼儿潜能的激发,为今后的社会化打下基础。"让特殊儿童和普通儿童能在同一片蓝天下游戏",而不是将他们封闭在传统的隔离教室中接受教育,这个目标已经成为世界特殊教育迫切需要实现的夙愿。各个国家都在努力做着不同的尝试,试图探索出结合本国实际情况,真正适合特殊儿童的学前融合教育。

2014 年,《特殊教育提升计划(2014—2016 年)》指出"各地要将残疾儿童学前教育纳入当地学前教育发展规划,列入国家学前教育重大项目。支持普通幼儿园创造条件接收残疾儿童"。2017 年,教育部、发展改革委、民政部、财政部、人力资源社会保障部、卫生计生委和中国残联联合印发了《第二期特殊教育提升计划(2017—2020 年)》,提出"全面推进融合教育";"支持普通幼儿园接收残疾儿童。在特殊教育学校和有条件的儿童福利机构、残疾儿童康复机构普遍增加学前部或附设幼儿园。在有条件的地区设置专门招收残疾孩子的特殊幼儿园"。如今,将特殊幼儿安置在普通幼儿园,而不是传统隔离式的特殊机构,已成为世界性的教育潮流。

关于学前融合的具体定义,研究者们有不同的看法。有研究者就融合教育中特殊儿童所占的比例对其进行定义,认为特殊儿童所占比例的多少能将融合班级与传统的教育集体区别开来。如 Filler 和 Guralnick 认为特殊儿童的比例应反映自然的人口比例(特殊儿童在教室中应达到 5% ~ 6% 的自然比例)。但在实际情况中特殊儿童的人数比例常常是不确定的,如有些学校中的班级中特殊儿童就达到三分之一。而 Samuel L.Odom 则不同意这种观点,认为在融合教育中重要的是,班级内特殊儿童与一般儿童同样的参与度(如特殊儿童与一般儿童在一个班级内度过相同的时间),而不是待在特殊的班级内,只在一天中的部分时间内与一般儿童参与同样的活动。

在学前融合教育实践中,这两种定义的维度往往是结合在一起的。融合教育者们因地制宜,在特殊儿童占到全体儿童一定比例,并有一定参与度的前提下设置融合教育的模式,以适合并满足特定的融合机构如幼儿园、周围环境,特别是儿童和家长的需要。因此,只要满足了在学前教育机构中接纳特殊儿童、并占到一定比例,设置相应的课程体系,辅以相应的设施和对特殊需要儿童的个别化训练,使特殊儿童和一般儿童能够在一天的全部或部分时间内可以共同参与,以满足一般儿童和特殊儿童的需要,则可算作实施学前融合教育。融合教育有三种主要形式:全融合、半融合、反向融合。全融合是指特殊儿童全部时间都和普通儿童在同一教室内接受保育和教育。半融合是指特殊儿童部分时间和普通儿童一起学习,部分时间在康复训练中心。反向融合是一种特殊的融合模式,始于 1980 年纽约州的北西拉鸠斯市中心区域,指的是在获得允许的条件下,将 1 至 2 名普通儿童安排到安置重度多重学前特殊儿童的班级。这些普通儿童从周一至周五,早上 9 点至下午 2 点,与有特殊需要的儿童一起学习。

> ## 二、学前融合教育的意义

目前,我国有一批幼儿园和托幼机构已经率先实施学前融合教育,将特殊儿童纳入教学对象,进入幼儿园与普通儿童一起学习生活。对于幼儿园来说,实施融合教育的意义对发展中的儿童来说是双向的,在幼儿园阶段开展早期融合教育不仅能促进特殊幼儿的发展,同时还能对普通幼儿的自我效能感的发展、心理理论、移情能力有极大的促进作用。除了对儿童有重大帮助之外,早期融合教育对不同儿童的家庭,乃至于对社会,都有深刻的意义。

学前融合教育是普通儿童与特殊儿童双方融合、共同成长的过程。学前融合教育不仅是特殊儿童融入普通儿童生活的途径,同时也是一个让普通儿童融入特殊儿童世界的途径。

(一)对学前特殊儿童的意义

学前特殊儿童作为直接受益者,学前融合教育能够极大程度地促进其各项能力的发展,具体如下:

1.提高学前特殊儿童的一般发展

把学前特殊儿童安置在融合环境中,和普通幼儿一起生活、游戏,对特殊幼儿的发展有极大的促进。国外已有的研究结果表明学前融合教育对各类型的学前特殊儿童都有积极的影响。综合各项关于融合教育中特殊幼儿发展的研究,孤独症儿童、智力障碍儿童、听力障碍儿童、视力障碍儿童、语言障碍儿童以及其他障碍类型的儿童均在融合性教育环境中获得了良好发展。研究者普遍认为,对于轻度和中度障碍的特殊儿童来说,安置在融合教育环境中比安置在隔离式教育机构中更有利于其身心的健康发展。至于重度障碍的特殊儿童也能够在融合教育环境中获得更多的益处,不过不同的研究有不同的看法。有研究认为在融合幼儿园的重度特殊儿童,在各项标准化发展评估指标上的得分均高于在隔离式教育机构中的儿童。在国内的研究中,华东师大方俊明教授认为,高质量的早期儿童融合教育能使特殊儿童在感知运动、语言等方面有较好的发展。

【小案例】

浩浩[①]

浩浩,男,出生于2014年8月29日,于2017年10月26日入园,入园时持孤独症谱系障碍诊断证明,无语言,智力与运动发展指数偏低,生活不能自理。入园时就读于托班,现就读于中一班。经过一年多的教育与康复训练,在各功能领域中取得显著进步,具体情况见下图。

---

① 本案例由昆明学院附属儿童发展中心曾慧撰写。

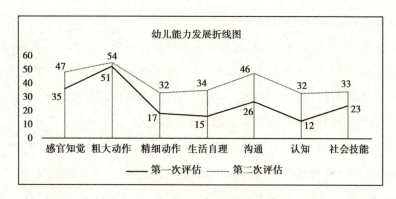

图 1-1　幼儿能力发展折线图

2.提高学前特殊儿童的社会性发展

在学前融合教育的实践中,学前特殊儿童在社会性上面的发展被认为是融合教育带来的显著优势之一。

在学前融合教育环境当中,能够为学前特殊儿童提供一个常态化的环境,普通儿童和特殊儿童在一起生活、游戏,为学前特殊儿童的社会性发展提供很好的环境。特殊儿童从家庭进入幼儿园,从个体、家庭的环境转换到集体生活,从自己熟悉的环境进入到陌生的环境,在这个过程中,不管特殊儿童的语言能力、社会性能力如何,为了适应环境和表达需要,都要和老师、同伴进行互动。并要学会遵守幼儿园的规则,例如排队、洗手、静坐等,完成早期社会性的发展。同时,在这个过程当中,普通儿童起到很好的示范性作用,为特殊儿童提供模仿的对象。

3.是对学前孤独症儿童进行教育干预的有效手段

国内有一些研究聚焦于融合教育中孤独症儿童的发展,认为融合教育对孤独症儿童的发展大有助益。其中,程秀兰等对融合教育中一名有着中等障碍的孤独症儿童的个案研究表明,融合教育的干预可以提高其语言表达能力和交往能力、改善其问题行为,并在情绪情感表达方面取得了较好的治疗效果。李春梅对融合教育理念下孤独症幼儿的治疗方式进行了分析,认为融合教育理念下的治疗对孤独症儿童尤其是高功能孤独症儿童的成长有着重要的意义,特别是对于高功能孤独症儿童,融合教育除了塑造孤独症儿童的正常行为习惯,发展社会技能外,还可以激发蕴涵在孤独症儿童无意识深层的智慧,挖掘孤独症儿童的最大潜能。周念丽等的研究也发现,创设良好的融合教育环境能够促进孤独症儿童社会认知的发展。

(二)对普通幼儿的意义

在学前融合教育的环境下,还有一个很大群体的利益不能够被忽视,那就是对普通幼儿发展的促进意义。关于这点,周念丽提出以下观点:

1.激发普通儿童自我效能感

"自我效能感"是指一种认为自己有能力实现自己目标的感知。心理研究表明,有较高的自我效能感的人,往往在其学习、工作中有所成就,这种感知往往来自于人的幼年时期所获得的各种经验。一般来说,在幼年期,所体验到的成功越多,或者是感到自己有能力帮助他人时,这种自我效能感会发展得越好。

对于普通儿童而言,当他们可以在班级中以小老师的身份来照顾、帮助身边的特殊儿童同伴,他们会感觉到自己的能力,其自我效能感会得到良好的发展。对于特殊儿童来说,他们凭借着自己的努力和他人的帮助,能够越来越多地解决自己身边的问题,能让自己更好地融入这个社会,其成功感也会导致自我效能感的大幅提升。

2.发展儿童心理理论

儿童心理理论是儿童在成长的过程中,逐渐发展出一种对自己和他人心理状态的理解能力。他们开始理解自己所思考的、知道的、感知的以及所相信的也许与其他人有所不同,并开始了解到人们的许多行为是由他们自己的知识和信念引起或推动的。儿童的这种能力被心理学家称为"心理理论"。一般认为,儿童在 4 岁时就开始初步具有推测他人的期待、愿望、好恶等内心活动的能力。而 0 到 3 岁,则是儿童快速发展儿童心理理论的时期。在与同龄人交往的过程中,儿童们能了解到自己的思考、自己的认识、自己的感知会与其他同伴,特别是特殊儿童同伴会有很大的不同,并会在相处的过程中逐渐了解到心理理论不同的原因是知识以及信念的不同。心理理论的发展在人际交往中有非常重要的影响,良好的心理理论的发展能帮助儿童与其他同伴建立良好的人际关系,这也有利于他们未来的社会性发展。

3.提高儿童移情能力

所谓移情能力是指在情感上可以与他人产生共鸣的能力。儿童移情能力的发展会直接影响其同情心和同理心的发展,前者是认知到他人的痛苦从而引发恻隐之心,后者是感同身受从而能够设身处地为他人着想,这两种能力都不是天生的,都是需要在教育、家庭、社会中逐步培养出来的能力。在普通儿童和特殊儿童相处的过程中,双方会在日常生活学习中试着去理解他人。这能为他们日后"去自我中心化"打下良好的基础,也会对他们的社会性的发展有重要的意义。

4.促进普通儿童对特殊儿童的理解和接纳

在大量的研究中,研究者普遍发现融合教育中的普通幼儿,比起在普通教育环境中的儿童更能理解和帮助特殊儿童。有研究证实,融合教育中的普通儿童能够从与特殊儿童的融合中学习到关于残疾意味着什么的内涵,并发展出不断增加的对他人的敏感和回应。例如,参与过融合项目的儿童比未参与过的普通儿童对身体和精神上的残疾有更深刻的理解。再如,当儿童所在的教室中有一名听力受损、并用手语与教师交流的同学时,儿童发展出更加完整的对听力、听障和手语的理解。

(三)对家庭和社会的意义

1.家庭

学前融合教育的开展,对家庭的帮助主要体现在以下三个方面:

(1)减轻家庭负担。

开展学前融合教育能在一定程度上减轻特殊儿童家庭的经济负担,对特殊儿童家长而言,不用将孩子送往遥远的,甚至于异地的特殊康复机构接受训练,可就近进入幼儿园接受融合教育,节省了时间和费用。

(2)改善家庭关系。

家长能花更多的时间陪伴自己的孩子,让学前特殊儿童享受到更多的亲情与关爱。这种陪伴有助于普通儿童获得良好的发展,也有助于特殊儿童早期康复。

(3)帮助特殊儿童家长尽早掌握家庭康复方法。

家长能从专业教师处学到更多更科学的教育康复训练方法,在陪伴特殊儿童成长的过程中,用更科学的方法促进特殊儿童取得良好的发展。

2.社会

融合教育往学前阶段延伸,不是一朝一夕的事,对社会的意义也是深远的。

(1)是教育平等的重要体现。

重视特殊需求幼儿教育,是对特殊儿童内在生命价值的确认;对特殊儿童生命价值的发现;对特殊儿童生命潜能的发掘;对特殊儿童生命力量的发挥。体现了人的权利平等,教育机会均等的实现。

(2)促进社会文明程度的提高。

对特殊教育的重视程度,是一个国家文明程度的标志。特殊教育的发展水平是衡量一个国家教育水平的重要标志,也是社会经济、文化水平的标志。发展特殊教育是推进教育公平、实现教育现代化的重要内容,是坚持以人为本理念、弘扬人道主义精神的重要举措,是保障和改善民生、构建社会主义和谐社会的重要任务。展望未来,接受学前融合教育培养的普通儿童会有更强的社会性发展,会更愿意为素不相识的他人伸出援手;特殊儿童能在从小的训练中自力更生,共同负担起属于自己的社会责任,这会使我们国家社会变得更加和谐。

(3)减轻社会的负担。

联合国教科文组织指出,无论是发展中国家还是发达国家的经验都证明,残疾人有可能成为社会中有劳动能力的成员。如果从毕生的观点看问题,即使对那些有明显残疾或学习困难者,教育也是一项有积极意义的投资。在学前融合教育中的特殊儿童,各项能力得到较大发展,能够更好地回归主流社会,成年后能够更好地适应社会,也在一定程度上减轻了社会的负担。

◎ 本章聚焦

　　1.学前融合教育理论

　　2.学前融合教育模式

◎ 本章结构

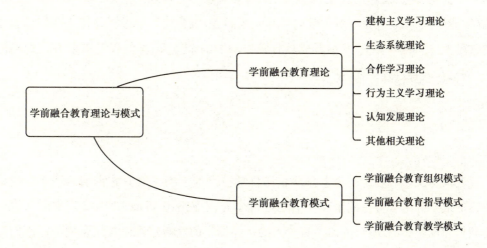

【小案例】

莫莫的成长

　　莫莫4岁,是一名孤独症幼儿。目前在某融合幼儿园小班。莫莫1岁8个多月时,妈妈发现孩子不喜欢与小朋友玩游戏,喜欢拿着皮球独自蹲在墙角,嘴巴里咕叽咕叽重复说个不停。妈妈开始安慰自己"孩子尚小,慢慢地就好了"。时间一拖再拖,孩子2周岁了,还是持续这样。有一天,妈妈去儿童医院拿资料时,听到一旁家长与医生聊天,本来充满困意的妈妈一下子集中了精神:自己的孩子不也是这样吗,不合群,还爱重复说话……第二天,妈妈将孩子带到医院检查,医院给出的诊断结果是疑似孤独症(90%的可能性是孤独症),同时给出建议:孩子接受密集性康复后,进入融合幼儿园。从那时候起的一年时间里,妈妈将莫莫送到康复机构,每天进行4-6小时的密集性康复。孩子3岁时,妈妈坚持上午去康复机构,下午去早教机构,就这样又是一年。

根据医生给出的建议,在孩子4岁时,妈妈开始寻找融合幼儿园,经过多方打听、评估后,终于接到某大学附属幼儿园的通知,根据评估结果,孩子将进入小班。

看着孩子跟随同伴进班那一瞬间,妈妈终于控制不住,潸然泪下……

【大思考】

根据案例,分析总结学前融合教育的模式?

第一节　学前融合教育理论

学前融合教育具有交叉性和综合性,有着非常广泛的理论基础。本节主要探讨学前融合教育的重要理论。对于学前特殊儿童而言,融合应尽早进行并建立在综合干预的基础上,应将学前特殊儿童看成具有发展潜能的个体,而不仅仅是需要补偿缺陷的人,同时在教育过程中促进所有儿童的融合。

> ## 一、建构主义学习理论

(一)建构主义学习理论的产生与发展

建构主义学习理论的产生与发展和科学技术的不断发展有着密切的联系。建构主义的最早提出者可追溯至瑞士著名心理学家皮亚杰(J.Piaget),他从康德的认识论中获得知性范畴的观点,提出了有关人的认知发生的双向建构论。结合他与同事们对学习的机制的研究,他提出了以平衡———一种动态的过程(包括同化和顺应)——作为解释学习的机制,他认为任何结构都不能与建构相分离,基于此,皮亚杰提出有关内化和外化的双向建构思想,并不断将该思想明确和系统化。

在皮亚杰双向建构论的基础上,克恩伯格进一步研究了认知结构的性质和发展条件,斯滕伯格和卡茨强调了在建构认知结构发生的过程中,个体的主动性起到了关键性作用,并探索了发挥个体主动性、促进认知结构的建构的方法。

苏联心理学家维果斯基提出的心理发展的文化历史理论对于建构主义的发展也有着重要贡献,他认为历史文化背景和社会环境等外部条件对个体的学习产生重要影响。维果斯基结合心理学的理论和应用研究,提出了"最近发展区"概念,他认为教学应该走在儿童心理发展的前面。

作为皮亚杰和维果斯基的后继者,美国教育心理学家布鲁纳认为应将"人的高级心理过程"重新纳入人类科学轨道,并将"意义的建构"确立为心理学的中心概念。他认为"学习是一种积极的过程,学习者在该过程中依靠自己现在和过去的知识建构新的思想和概念"。布鲁纳为教学提供了一个框架,即教师鼓励幼儿自主探索原理,师生之间进行积极对话,教师的关键任务在于将学习信息转化为幼儿可以理解的格式,而课程应以螺旋方式组织,这样幼儿就可以利用所学知识完成意义建构。至此,布鲁纳倡导的认知革命促成了建构主义学习理论原型的形成。

(二)建构主义学习理论的主要观点

1.建构主义学习理论的知识观

建构主义者强调知识与现实是两种不同的东西,知识只是特定的人在特定的情境中对现实的一种假设和解释,是主体在大脑中建构出来的"主观的现实",它并不是对现实完全客观和准确的表征,相反它会随着人类认识的进步而不断得以更正和丰富。

建构主义者认为,知识并不能精确地概括世界的普遍法则,也不能直接被用于解决某种具体问题,相反,它需要针对具体问题的情境进行再创造和解释。知识的不确定性不仅仅是知识本身的特性,更重要的是指由于学习者的建构作用而使知识具有不确定性。知识的意义是幼儿建构的,而不是教师给予的。当幼儿学习新知识时,他会以自己的已有知识和经验为基础来理解新知识。也就是说,幼儿的背景知识和生活经验越丰富,他们对新知识的理解就会越深刻和越全面。

2.建构主义学习理论的学习观

建构主义者认为学习不是将作为学习对象的知识直接、原封不动地转化为学习者所掌握的知识。在学习知识的过程中,学习者会以自身已有的知识经验、认知结构和认知方式为基础,对知识进行选择、改造和加工,从而建构起知识在自己头脑中的意义。

幼儿学习知识的过程并不是一个教师直接传递、幼儿被动接受的过程,幼儿不是被动的知识接受者,相反他要能动地建构知识的意义。"在学习过程中建构意义是对当前学习内容所反映的事物性质、规律以及该事物与其他事物之间的内在联系达到较深刻的理解。"

许多建构主义者都接受维果斯基的观点,认为高级心理过程是通过社会协商和互动形成的,因此,他们非常重视学习中的合作。学习者在与他人进行合作学习的过程中能够最大可能地实现自己的"最近发展区",使学习在原来的基础上上升到一个新的水平。

3.建构主义学习理论的教学观

建构主义者认为幼儿在进入学习情境中时不是一个任教师随意填塞的空罐子。在以往的生活经验和学习积累中,幼儿对存在的事物和现象都会有自己的想法和理解,可能某些问题他们之前并没遇见过,也无信手拈来的经验作为参考,但当问题一旦呈现在其面前时,他们仍会以先前的经验为基础推出自己对问题合乎逻辑的解释。

教学不能不顾幼儿的已有知识经验强行填塞,必须以幼儿已有的知识经验为基础,引导幼儿从已有的知识经验中"生长"出新的知识。教学也不应该只是简单直接地传递和灌输知识,应该让幼儿对知识进行能动地建构。教师不是知识的简单呈现者,教师应该关注幼儿的先前经验和已有知识,并在此基础上指导和鼓励幼儿丰富并调整自身的已有知识。

在教学过程中,知识不是通过简单的教师讲、幼儿听就能被习得的。知识需要师生之间、生生之间的共同交流和建构,从而让人形成对知识的深层理解。因为个体经验背景的不同,幼儿对同一问题的看法也会存在不同,而在由师生组成的这种学习共同体里,这些差异反而成为了一种宝贵的学习资源。在学习过程中,尽管建构主义学习理论者更强调幼儿自身的主观建构,但它并不否认教师外部的合理指导。所以,建构主义者并没有无视教师在幼儿学习过程中的合理指导,他们只是反对教师对幼儿的直接讲授和灌输,提倡教师应在幼儿建构知识的过程中发挥指导者、帮助者和促进者的作用。

二、生态系统理论

生态系统理论最初是由布朗芬布伦纳于1979年在《人类发展生态学》一书中提出来的,他将人类发展的生态系统描述为:高度复杂的生物心理有机体在其主动的、成长的一生中,不断形成内在关联的、用以思维、情感和行为的动态能力特征,对这些发展中的个体生活的直接背景及其变化中的性质进行累进的、相互包容的科学研究,研究过程将受到这些背景之间关系以及背景所嵌入的更大背景的影响。

(一)生态系统理论的主要观点

依照布朗芬布伦纳的观点,应当将儿童视为一个积极主动、不断发育的有机体,他们生活在相互联系、复杂多变的生态环境中,并通过与其所处环境中的人、物、符号等相互作用而不断成长。

布朗芬布伦纳根据个体与环境距离的远近,将生态系统分解成若干相互嵌套在一起的子系统,即微观系统、中间系统、外部系统、宏观系统以及时间系统。各个系统具体表现为:

(1)微观系统是指个体在当下直接经历和生活的活动系统,其中包含个体的社会角色以及人际交往模式等。家庭、托幼机构、同伴群体等都属于这个系统,个体在微观系统中与环境进行互动进而产生亲子活动模式、师幼关系、同伴互动等,这些互动对个体的发展起引导或维持作用,但其影响力受微观系统内容和结构的影响。

(2)中间系统是由一系列微观系统构成,包括指个体发展所处的各种直接环境之间的联系和相互作用。如家庭和学校的关系,学校和社区的关系等,家长、教师、社区人员等的相互沟通和互动也会对儿童发展产生重要影响。

(3)外部系统是指对个体产生直接影响但不包括个体主动参与的大环境系统。如社会支持网络对儿童及其家庭的帮扶政策、网络资源给儿童家长带来的有益支援等。

(4)宏观系统是指包括贯穿微观系统、中间系统、外部系统的文化或亚文化系统,如宗教信仰、社会风俗、物质资源、知识体系等。

(5)时间系统是指个体成长及其所处环境(如家庭结构、学习环境、社会经济地位等)随着时间流转而表现出的变化。如家庭成员变化、经济困难、工作环境改变等带来的动态系统。

根据生态系统理论的观点,学前特殊儿童处于一个不断变化的生态系统中,不同层次系统中的调整和改变可以为儿童带来积极的改变。

(二)对学前融合教育的意义

生态系统理论对于学前融合教育理论有着重要的借鉴意义,具体表现在以下几个方面。

第一,对学前特殊儿童实施生态评估,发现儿童的保护因素。所谓保护因素,是指个体在任何危险或逆境水平上,能减轻、缓解甚至抵消由危险因素所带来的消极影响,促进儿童心理韧性发展的内外条件。生态系统理论告诉我们,每一位儿童都同时存在于好几个不同的生态系统中,并积极主动地与生态环境进行物质和信息交换。学前特殊儿童的适应不良或发展障碍绝不仅仅是儿童自身的问题而孤立于环境之外,而是儿童与其所处环境互动的结果。因此在进行学前特殊儿童评估时,应重视对整个生态环境的评估和改善。评估的目的不是为了确定儿童是否有能力,而是去发现儿童自身的优势力量和环境中的优势资源,进而发现保护因素的促进作用。

第二,对学前特殊儿童实施生态干预,提升儿童的保教质量。就生态系统而言,学前特殊儿童的发展水平与发展状态不但会影响他们活动范围内的环境,而且其自身也是各种环境因素交互作用的产物。例如,婴儿早产及体重过低会带来一些并发症,如难以喂养、营养不良、睡眠质量差等,这些问题会让原本平静的母亲变得焦虑。而母亲的焦虑则可能导致其在与孩子的互动过程中出现不良情绪和不当的育儿行为。婴幼儿在这种不良的亲子互动模式下,又有可能发展出某些异于常人的情绪和形态。因此,问题行为的出现不仅仅来源于儿童本身的因素,而是个体生态系统在运行中失去了平衡。这种不平衡的状态主要来自个人的能力与需求无法和环境的期待与需求相符合。那么早期干预或者学前特殊儿童教育的目的就是,通过外界力量的介入,根据婴幼儿的身心特点,调整婴幼儿发展过程中的环境因素,实施生态干预,提升婴幼儿的发展质量和发展水平,使特殊幼儿或高危幼儿回归正常发展轨道。

第三,为学前特殊儿童开发生态课程,突显保教活动及游戏的功能性。生态课程是指将儿童置于日常生活场景中,根据儿童现有能力水平及适应现状,以适应未来生活环境为导向,通过对儿童能力与环境要求、现实环境与理想环境的分析评估,制订具体的保教目标,提供适合其教育需求的个别化教育课程。将学前特殊儿童的成长置于整合的生态系统中,重新发现儿童身上的优势力量和环境中的资源优势,据此设计生态课程,有利于消除或减少危险因素,进而增强儿童的优势能力并发展他们可能的社会功能。

> ## 三、合作学习理论

(一)合作学习理论的内涵

合作学习实质上是一种幼儿发展的环境及条件系统,根据协同发展、群体群策群力及相互激励原理与机制,建立幼儿集体学习系统,从而在掌握教育发展规律过程中,提高幼儿的各方面能力。因此,可将合作学习理论定义为一门将哲学、社会学、美学、教育学和心理学有机融合的综合学科。

合作学习具体指在教学过程中,把学习小组作为教学组织活动的基本行为方式,将小组成员的总体表现作为考核学习质量评价的主要内容和依据,幼儿通过小组成员之间所进行的交流与互动,有效整合集体的力量,形成巨大的合力效应,在合作精神的推动下实现共同学习目标效率的最大化。

合作学习理论本质在于教师基于完成教学指标的目的,在实践教学的过程中采用激励的教学手段,潜移默化地将教学目标及内容内化为幼儿情感需求的过程。其性质主要包括互动性、教师主导性和幼儿主体性。在教学中,科学的理念、方法及模式的应用是实现高效达成教学目标的关键,合作学习就在于教学方法在选择运用上可以完全不受到任何限制,强调各环节的创新,实现幼儿互相合作激励,共同发展。

(二)合作学习理论的基本理念

互动观是合作学习中最为突出的一个基本理念。传统教学模式中提到的互动观,一般只是指老师与幼儿之间的互动,而合作学习中的互动观,不光包括老师与幼儿之间的互动,更为重要的是包括幼儿与幼儿之间的互动,小组与小组之间的互动等。在合作教学的互动中,教师以小组中普通一员的身份与其他成员(幼儿)共同进行合作学习,完成任务,这就改变了传统教学中教师是唯一信息源的做法。

传统教学论的目标一般只指完成学习知识目标,而合作学习在达成教学目标的同时,也重视其他各类目标的达成。正如合作学习的研究者所讲:"在教学目标上,合作学习不光注重突出教学的情意功能,还追求教学在认知、情感态度和技能等多种目标的均衡达成。"除此之外,合作学习还注重人际交往的技能目标等,是融知、情、意、行于一体,兼顾认知、情感和技能等多种教学目标共同达成的教学理念。

合作学习理论把组织幼儿学习的情境分成了三种:竞争性,个体性,合作性。合作学习的研究者认为,"合作学习是这三种学习情境中最重要的一种,但目前却是运用得最少的一种学习情境。……从研究中可以清楚看到,课堂活动的主流应当是幼儿的合作活动。"合作学习将三种情景融为一体,并进行优化,可以更好地促进幼儿成长。

【知识拓展】

来源于融合教育发展历程的理论基础

1.1960—1970,"正常化""一体化"和"回归主流"运动的兴起

(1)"正常化"

随着西方国家福利和人权运动的兴起,"正常化"是 20 世纪中期发端于北欧的一种文化思潮。核心理念是帮助所有人过上正常的生活,认为隔离的养护机构使许多残疾者终生远离"主流生活",因此应让他们从被隔离的机构、学校回到社区,回归到正常的主流社会生活中来。正常化思潮直接导致了"去机构化运动"。

(2)"一体化"

在 20 世纪中期,受"正常化"思潮的影响,"一体化"是在以英国为代表的西欧国家兴起的将特殊学校与普通学校进行重组合并的教育改革运动,"一体化"倡导将特殊教育与普通教育合并为一轨,让特殊儿童有更多机会进入普通学校和主流社会。

(3)"回归主流"

"回归主流"是 20 世纪中期后以美国为代表的北美国家掀起的融合教育改革运动。它提倡把被隔离的特殊儿童安置到主流的普通学校进行教育,强调以"最少受限制的环境"满足特殊儿童的教育需要,使之回归主流生活,从而拉开了特殊教育融合实践的序幕。

2.1970 年开始的"瀑布式服务模式"

融合教育是 20 世纪 90 年代兴起的国际教育思潮,强调普通学校接纳所有幼儿共同参与学习,反对教育中的歧视和排斥,主张通过适应不同差异的教育措施,满足所有儿童的特殊教育需要,促进所有儿童应有的发展。

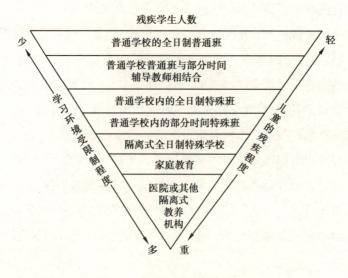

图 2-1　"瀑布式服务模式"图

> ## 四、行为主义学习理论

　　华生认为人类的行为都是后天习得的,行为习得就是刺激(S)—反应(R)的联结,无论是正常的行为还是病态的行为都是由环境塑造的,也可以通过调整刺激环境来矫正。斯金纳的操作性条件反射理论,进一步将行为分为应答性行为和操作性行为。不管是应答性行为,还是操作性行为,都会因行为后的强化(正强化或负强化)作用,使得行为出现的频率发生改变。班杜拉的社会学习理论认为,经由对他人的行为及其强化性结果的观察,儿童习得了新行为,或将现有的行为反应方式进行矫正。但这种学习不需要儿童直接做出反应,并亲自体验强化,只要通过观察他人在某一特定环境中的行为过程和行为结果,就能获得学习。

(一)行为主义学习理论的主要观点

　　行为主义学习理论中的经典条件作用理论、操作条件作用理论、社会学习理论之间存在着许多不同之处,但它们在如何认识行为障碍上,以及如何处理行为问题等方面却有着相似的基本理论假设,即:

　　(1)问题行为是习得的。学前特殊儿童的行为是个体后天在自己的生活环境中通过学习而获得的。

　　(2)各个问题行为是分别习得的。不同的问题行为是在特定环境中经过多次反复强化而保留下来的。

　　(3)问题行为与环境有特殊的关系。分析问题行为不能离开其发生的情境,只有仔细了解情境中的时间、空间、人物、事件等因素,才能把握问题行为的功能性。

(4)重新学习可以矫正问题行为。既然行为模式是在特定的环境中形成的,按照行为主义学习理论,改变不良的环境条件,个体可重新学习,使问题行为发生积极变化,增强行为的社会适应功能。

(二)对学前融合教育的意义

根据行为主义的这些基本原理,学前特殊儿童出现的适当或不适当的行为都是后天习得的;环境对行为的获得负有主要责任;通过控制行为的前因、后果等环境变量可以促进个体适应性行为的学习。应用行为分析则是行为主义基本原理在行为学习方面的具体应用,并广泛应用于特殊儿童早期干预。应用行为分析研究行为、行为变化及影响因素,并应用于改善并提高具有显著社会意义的行为。以应用行为分析原理为基础,研究人员发展出多种干预方法,如回合式教学、图片交换沟通系统、关键性反应训练等,以及其他行为矫正、塑造方法,为学前特殊儿童教育提供新的教育手段和方法。

> 五、认知发展理论

认知发展理论是一个庞大的学习理论体系,试图描述、解释人类认知的发生和发展过程,并强调对儿童的认知发展水平进行客观的评量。认知发展理论中具有代表性的理论包括皮亚杰的认知发展阶段论、维果斯基的社会文化理论,以及之后出现的信息加工理论等。

(一)认知发展理论的主要观点

皮亚杰认为,儿童知识的建构和概念的形成是通过对周围环境的主动探索实现的,并把儿童的智力发展分为四个阶段,即感知运动阶段(0~2岁)、前运算阶段(2~7岁)、具体运算阶段(7~11岁)和形式运算阶段(11~15岁)。认知发展阶段理论认为,儿童的学习就是通过与环境积极地互动,形成对事物的认知、辨别与理解,学习的目标在于形成认知结构,并在具体的学习情景中运用已有的认知结构去同化、解决面临的复杂问题。当情景问题超出已有认知结构所能处理的能力时,个体则会主动去学习,增加自己的知识经验,进而改变原有的认知结构。

在儿童认知发展的问题上,与皮亚杰相比,维果斯基则更加重视社会和文化环境(如观念、习俗或信仰等)在儿童认知发展中的作用,认为社会文化影响认知发展的形式,儿童的许多重要认知技能是在与父母、老师以及更有能力的同伴的社会互动中逐渐发展起来的。

（二）对学前融合教育的意义

认知发展理论揭示了人类认知过程发生的机制，为解释认知发展障碍或超常儿童的学习行为奠定了理论基础，同时也为帮助儿童克服认知方面的问题提供了实践上的可能。

强化操作活动的训练，促进学前特殊儿童认知能力的发展。皮亚杰的认知发展理论认为，操作活动是个体认知发展的重要手段，经历同化、顺应、平衡等过程，实现认知结构从低级向高级逐步发展。因此，学前特殊儿童保教活动，应加强操作活动的训练，丰富特殊儿童的感知经验，促进其智力发展。

依据学前特殊儿童的认知特点设计保教活动，选择教学方法。儿童认知发展的阶段性意味着，在学前特殊儿童保教活动的设计和教学方法的选择方面，要依据儿童现有认知水平，以及在某一发展阶段所应具备的与其心理年龄相匹配的认知水平。现有认知水平是教育教学的起点，而期望水平则是我们的目标。避免教学内容和教学方法的选择因难度过高，或数量过多使特殊儿童产生挫败感，丧失信心，从而产生自卑感。从平时的教育教学活动中，帮助幼儿掌握知识，增强成功体验，从而树立特殊儿童的自信心。如在感知运动阶段，应以有效发展物体恒常性观念，相对关系与因果关系的了解为主；在前运算阶段，应多为其安排集体活动，发展自我意识，以减少自我中心性，设计含有排列事物的活动，学会比较大小与排列，以及分类与归类的能力和初级概念的习得。

为学前特殊儿童的学习提供必要的支持。根据维果茨基的最近发展区理论，在保教活动中，儿童原有的经验和发展水平是教育的基础，教育者必须参与到儿童的学习中去，不断提出挑战性任务和提供必要的支持，激发儿童内在心理机能。如"支架式教学"，即以最近发展区作为教师介入的空间，为学前特殊儿童的学习提供支持，促进儿童主动而有效地学习。

> 六、其他相关理论

（一）早期综合干预

早期干预的概念是 20 世纪 60 年代在美国提出的。具体说来，早期干预是对发展偏离正常和可能偏离正常的幼儿所采用的一种特殊教育训练手段，以便使这些婴幼儿的智力（或能力）有所提高并获得一定的生活能力和技能。在特殊教育领域，早期干预主要指对学龄前特殊幼儿所提供的治疗和教育服务。通过帮助幼儿在社会、情绪、身体和认知方面的充分发展，使其能进入正常的教育系统或尽可能少地接受特殊教育。

早期干预中最核心的理论依据是"脑可塑性理论"和"关键期理论"。脑的可塑性是指脑可以被环境或经验所修饰,具有在外界环境和经验的作用下不断塑造其结构和功能的能力。脑的可塑性表现为脑细胞的可变更性。也就是说,虽然脑细胞受遗传因素的作用预先确定有特殊的功能,但脑细胞在环境因素的影响下是可以改变功能的。关键期是指幼儿最容易学习某种知识技能或形成某种心理特征的某个时期,但是过了这个时期,发展的障碍就难以弥补。从整个人的心理发展来说,学前期是心理发展的关键期。在语音学习方面,2~4 岁是关键期;在掌握数学概念方面,5~5 岁半是关键期;在智力发展方面,4 岁前智力发展最为迅速,4~5 岁坚持性行为发展最为迅速等。

随着特殊教育技术的不断发展,学前特殊儿童早期干预的内容逐渐丰富,这就需要将这些早期干预策略整合起来综合地为特殊幼儿服务,因此产生"综合干预"的理念。综合干预是指临床专业人员、特殊教育专业人员、心理学专业人员、教师、家长等共同参与干预,以某种或几种训练方法为主,辅以其他一种或几种训练方法,以解决学前特殊幼儿认知、情绪、行为等方面问题的干预模式。综合干预可以促进不同专业人员之间合作交流,进而提升单一干预的效果,可以促进特殊婴幼儿在某一方面或多方面能力的发展。

学前融合教育要坚持对特殊幼儿实施早期综合干预的原则。学前融合教育的最主要任务是为学前特殊儿童进入普通学校打基础,早期干预是改善特殊幼儿个体功能的有效方式,个体功能的提高能够降低特殊幼儿在普通学校中接受额外的特殊教育服务的需要,同时也为提高学习成绩提供了基础。另外,由于幼儿在早期的发展过程中还没有完全完成社会化,更容易接纳其他幼儿的不同特征,且少有偏见。因此,在融合教育环境中的早期综合干预有利于普通幼儿接受特殊幼儿价值观念的早期形成。

【知识拓展】

脑神经科学研究成果对学前融合教育的启发①

自 20 世纪 90 年代起,脑神经科学借助功能核磁共振成像(fMRI)、脑电波(EEG)、脑磁图(MEG)、光学成像(OT)、正电子断层发射扫描(PET)等神经影像技术,将脑的高级机能活动图像化,对语言、记忆、注意、情绪等的神经机制以及人类毕生发展过程中大脑的发育和变化进行了大量的研究,使人们对人类大脑的运作机制和原理有了更深入的了解。脑神经科学的研究在早期儿童发展的最大发现是大脑发育的敏感期(关

---

① 杨雄里.脑科学和素质教育刍议[J].教育理论与实践,2002,(02).

键期)和可塑性。

1.敏感期

神经科学研究发现,脑是基于一定的生物遗传基础与环境互动的过程中建构的。敏感期是脑与环境活动中的一个重要现象。所谓敏感期是指大脑的结构或者功能特别容易受经验的影响,进而促进或阻碍大脑结构和功能发展的时期。对大脑发育敏感期的发现,来自对动物视觉发展的研究。研究发现,如果在小猫刚出生不久就把它其中一只眼睛蒙上,那么这种早期的视觉剥夺会严重影响猫的视觉皮层的神经联结,无法像正常眼睛一样发挥视功能。后来,研究者在人类婴幼儿的身上也发现了同样的现象。婴幼儿因为某种原因需戴眼罩,遮住一只眼睛,这一只眼睛感受不到外界光线的刺激,被遮住眼睛的视觉中枢神经发生了退化,无法形成神经元,特别是婴幼儿12个月至18个月之间戴眼罩,会导致被遮挡眼睛的"弱视"。这些研究成果表明,外部光线刺激的缺失会导致大脑视觉区与之对应的眼球无法形成柱状层,进而影响视觉功能的发展。

神经科学研究进一步揭示了婴幼儿大脑的发展规律,认为0~3岁是个体大脑发育的关键期,并一直延续到11岁,呈逐渐减弱的发展趋势。在这期间,婴幼儿的大脑在物质构成上的发展极为迅速,皮层神经元突触的密度在出生后迅速增加,至4岁时,个体大脑皮层的突触密度达到成人的150%。婴幼儿的大脑会经历敏感期,在这个时期,大脑积极响应外界刺激,在特定的区域组建神经网络,并完善这些网络的神经功能。

大脑的发育成就了个体认知功能的发展,而个体与环境的互动和经验的积累又进一步塑造大脑的结构和功能。大脑发育过程的敏感期,对教育提出了适宜时机、内容、方式等方面的要求。在大脑发育的关键期,某些脑功能的形成与发展比其他时期更容易。如果在该时期内,个体获得适宜的经验,其大脑的功能得以正常发展。相反,如果在敏感期内机体被剥夺适宜的刺激与经验,那么脑的功能将受到严重的影响。大脑发育敏感期、关键期现象,为学前特殊儿童教育提供了最佳教育时机的直接研究证据,在儿童神经系统发育最为迅速的早期提供适宜的环境与经验,进而促进幼儿的学习能力的发展。

2.可塑性

1967年加州大学伯克利分校的神经解剖学家玛丽安·戴蒙德(Marian Diamond)发现大脑具有很强的可塑性,并进一步证明:如果为机体提供丰富的刺激情景,有机体的大脑皮层就会加厚,成熟的树突棘增多,细胞体增大。大脑在发育过程中受到了外界刺激的作用,其结构和功能会发生重组,将其称之为大脑的可塑性。神经生物科学对脑的可塑性的研究表明,脑的结构与功能在幼儿出生后,并非一成不变,而是会随着外界刺激发生改变。一方面,在良好适宜的环境刺激下,脑的神经元回路的建立、神经元条件活动的建立以及皮层的功能代表区都将沿着更有效地适应外界环境以及更有效地实现与环境积极互动的方向发展。例如,研究人员发现,在装有玩具的笼子中成长的幼鼠与在贫瘠环境中成长的幼鼠相比,脑中每个神经元的突触数前者比后者多 25%。

另一方面,在刺激过度、刺激不足或在消极的情绪刺激环境中,脑的结构与功能的正常发育将受到严重阻碍。研究发现,过强、过量的刺激会使大脑海马的突触功能降低,神经回路的形成发生困难。很少活动或很少进行社会性互动的幼儿,他们的脑比正常同龄人小 20%~30%。处于焦虑或压力情景中的个体,其脑内谷氨酸、可的松等的过度分泌可导致脑细胞的死亡与神经联结的减少。

任何动物或人从环境中获取经验,并从经验中学习,进而引发大脑结构和功能的变化。这一观点表明,适宜环境的体验学习训练可以影响大脑的神经机制,从而带动大脑的可塑性。有关脑损伤患者和盲人的研究表明,如果在个体发展的早期进行教育和干预的话,那么,大脑皮层会体现出比较强的重组或补偿效应。

认知神经科学以及有关大脑可塑性的研究表明,大脑正是因为受经验的影响才产生可塑性的变化,因而经验在大脑可塑性方面起着十分重要的作用。在学前特殊儿童教育的过程中,要充分重视脑发育的关键期,注意在关键期中提供适宜的环境,并积极地进行早期干预。要为学前特殊儿童提供品质适宜的刺激环境,重视为学前特殊儿童的正常发展提供稳定的情绪支持。

(二)全人教育理论

全人教育理论是 20 世纪 70 年代从北美兴起的一种以促进人的整体发展为主要目标的教育思潮。全人教育批评传统教育只重视知识传授和技能学习的倾向,认为教育的过程不仅仅是知识的传递与技能的训练,更应关注人的内在情感体验与人格的全面培养。全人教育倡导塑造全面发展的人,使人在身体、知识、技能、道德、智力、精神、灵魂、创造性等方面都得到发展,成为一个完整的、真正的人。

20 世纪 80 年代中期以来,全人教育思潮对幼儿教育产生了重要影响,人们开始反思 60 年代和 70 年代以"智力开发"代替幼儿教育的倾向。1985 年在日本召开了"日、美、欧幼儿教育、保育会议",会议批评了幼儿教育中将幼儿的发展等同于智力发展的错误倾向,呼吁教育从"智育中心"转向促进幼儿富有个性的全面发展。1999 年世界学前教育组织和国际幼儿教育协会共同制定的《全球幼儿教育大纲》认为:"优秀的幼儿教育课程是针对幼儿整个身心健康而设计的,必须考虑幼儿的身体状况、认知水平、语言能力、创造能力、社会性与情感的发展状况等"。世界各国受到全人教育思潮的影响,在设计幼儿教育方案的过程中更多考虑幼儿整体全面的发展目标。全美幼教协会1996年发布的《适宜于0~8岁幼儿发展的教育方案》中明确指出:"适宜的教育应该顾及到幼儿所有领域的发展:身体的、情感的、社会的以及认知的"。英国政府2000年颁布的面向3~5岁幼儿的《基础阶段课程指南》强调了如下几个方面:幼儿个性、社会性和情感的发展、对学习的积极态度和倾向、社会性技能、注意力和坚持性、创造性的发展等。

从发展历史上看,特殊教育受到医学模式传统的影响,将学前特殊儿童视为需要治疗的对象,同样存在忽视学前特殊儿童全人发展的倾向。1799年,法国医生伊塔德对在森林里发现的"狼孩"维克多进行了教育的尝试,从基本的感官训练开始训练维克多。从18世纪下半叶到19世纪上半叶,对于学前特殊儿童的教育集中于针对其"异常"特征的专门检测与治疗、补偿性教育的技术,例如莱佩的手语教学、海尼克的口语教学、谢根的生理训练法等方法。从18世纪末特殊教育诞生到20世纪中期一直占据统治地位,在这一时期发展了各种客观测量工具(如智力量表等)来诊断残疾或障碍的类型与程度,并据此发展出相应的药物、治疗方法以及具有明显医学特征的干预训练手段。

这些早期的探索奠定了今天特殊教育的基本实践方式,三早的原则、行为主义的方法、感觉功能训练的策略等在今天的特殊教育实践中仍然被广泛地应用,这些方法虽然被证明是"有效的",但同样存在着给学前特殊儿童"标签化"的风险。学前特殊儿童在医疗模式下接受干预与教育的形式本身造成了将其看成是完全不同于普通儿童的类别的现象。特殊教育也因此从那种充满人文关怀的教育事业沦为提升学前特殊儿童各项功能指标的"技术活"。

因此,无论从学前教育的整体发展趋势还是从克服特殊教育传统视角来说,学前融合教育都应该考虑与全人发展理念的结合。在全人发展理念教育者的眼中,无论特殊幼儿还是普通幼儿,他们首先是"幼儿",教育者不只是要发展他们的"智能",更应该关注他们作为人本身的全面发展,使他们成为真正的人。

(三)社会融合理论

社会融合理论最早可以追溯到迪尔凯姆的社会团结理论以及洛克伍德等提出的社会整合理论。到了20世纪末21世纪初,欧美政府机构和社会政策研究者开始热衷于使用"社会融合"这一概念。2003年欧盟在关于社会融合的联合报告中对"社会融合"的定义做了进一步阐释,认为社会融合能够使具有风险和被排斥的群体获得必要的资源,使这些群体能有机会全面参与经济政治文化生活,也能享有正常的社会生活和社会福利。由此看来,融合教育是促进社会融合的重要手段。正如《萨拉曼卡宣言》

所指出的，"实施融合教育方针的普通学校，是反对歧视、创造欢迎残疾人的社区、建立融合型社会和实现人人受教育的最有效途径。"因此，学前融合教育首先具有政治学与伦理学上的意义。在普通幼儿园接受教育本身是学前特殊儿童不可剥夺的权利，也是他们作为未来公民的必要准备。

第二节　学前融合教育模式

综合教育学、心理学及社会学等不同学科领域的理论基础，一些国家根据自己的国情及学前特殊儿童的发展状况进行了学前融合教育的积极探索，但至今并未形成一个公认的、标准化的学前融合教育体系和模式。本节将结合我国的具体实际及学前融合教育发展阶段，尝试从学前融合教育的组织模式、指导模式、教育模式来提炼本土化的可供参考的学前融合教育模式。

> 一、学前融合教育组织模式

（一）三层级融合模式

三层级融合模式是特殊儿童融入普通学校的常见组织模式，对于学前特殊儿童融入普通幼儿园有着较大的借鉴意义。根据融合方式和融合程度的不同，学前特殊儿童融入普通幼儿园可以分为从低层级到高层级三种不同的融合方式，分别是低层级的环境融合、中层级的部分融合与高层级的全融合。

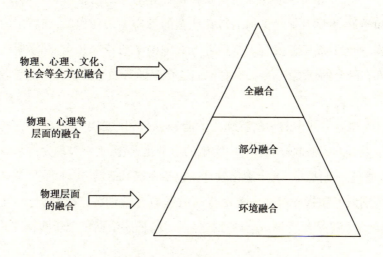

图 2-2　三层级融合模式

1.低层级:环境融合

学前特殊儿童进入普通幼儿园学习和生活,最先且最直接感受到的就是幼儿园的物理环境。因此,园所环境的融合对于学前特殊儿童而言,是最快捷的融合方式,但也是最基础、最浅层的融合。环境融合,具体是指学前特殊儿童每周固定几次到普通幼儿园感受环境,让学前特殊儿童能跟其他孩子进行接触。这样,孩子能够适应同龄小伙伴的存在。学前特殊儿童与同龄小伙伴相互熟悉之后,有助于彼此支持。环境融合有半天融合、环节融合和活动融合等不同的形式,每种形式各有利弊,但都需要对班级老师和家长进行针对性的主题培训,对学前特殊儿童提供较高频率和强度的个别化支持。这种支持是直接性的支持与服务。

2.中层级:部分融合

部分融合是指学前特殊儿童每周都有几个半天在幼儿园参加游戏活动,是目前最为常见的融合方式。在部分融合中,上午幼儿园、下午机构训练的形式,是部分融合的常见形式之一。家长可以依据影子老师以及资源教师的记录,选择半日托的针对性的个训课来加强孩子的基础能力,然后在小组课中帮助学前特殊儿童夯实基础。

部分融合的形式也为学前特殊儿童的融合提供了很多有益改变,如环境、班级教师、学前特殊儿童的同伴、社工、志愿者等的改变。很多所运用于支持与改变普通班级的融合策略也大都发生在部分融合之中。部分融合的具体形式与内容,康复与融合的比例、场地,融合课程的频率与支持人员的统筹等,都需要经过普通教师、资源教师等专业团队评估来判断与确定。

3.高层级:全融合

全融合方式,是指将学前特殊儿童安置在普通幼儿园的普通班级内,与普通幼儿一起生活和学习,教师及保育员根据特殊儿童的障碍类别和程度,在特定时间对其进行个别训练,补偿其缺陷。安置于全融合方式中的学前特殊儿童,几乎所有的日常生活与学习都在融合的环境中进行,有时他们还会跟随普通班的幼儿一起参与特殊教育班级幼儿的融合活动。

安置在全融合方式中的学前特殊儿童能够参与到渗透于园所活动的每一个环节中,此外,全融合方式强调普通教育中实施的个别化教育,主要表现为:

(1)普通班一日活动中的个别化教育。包括在区域活动、户外活动、集体教学和生活活动的个别训练和指导等。主要由普通教师教育与训练,保育员与幼儿配合与协助,普通班教室为主要活动场所。训练指导的时间长短依据每个学前特殊儿童具体情况而定。

(2)有针对性的个别化教育。由特殊教育教师或资源教师进行教学与训练,特教班教室及资源教室为主要活动场所。每周三至四次，每次训练时间根据学前特殊儿童的个别化教育计划而定。

（3）家园共训练的个别化教育。由学前特殊儿童家长开展教育与训练，资源教师巡视指导家长，特教班教室及各资源教室为主要活动场所。每天一次，每次训练时间为30分钟左右。

（二）半融合模式

半融合模式，是指在普通幼儿园内设置特教班，将学前特殊儿童安置在特教班，在某些特定时间与普通儿童一起活动。安置于半融合模式中的学前特殊儿童除了日常生活与学习中的每一个环节需要个别训练与指导外，他们比安置于全融合模式中的特殊幼儿更需要有针对性地个别训练和家园共育。因此，对这些儿童的个别训练的时间会比全融合模式中的特殊幼儿更长。

安置在特殊班中的儿童，平时大部分时间接受特殊教育，其中个别化教育渗透于在园活动的每一个环节中。因此，融合教育活动对特教班的幼儿来说尤为重要。其融合教育形式主要表现为：

（1）参与普通班的活动。包括区域活动、集体教学活动、游戏活动等，由普通班教师进行教育与训练，特教班教师或资源教师进行观察与记录。普通班教室为主要活动场所，每周有固定的时间，具体训练时间与长短依据每个特殊幼儿的评估情况而定。

（2）普通班幼儿轮班来特教班的活动。普通班幼儿定期轮流与特教班幼儿一起活动，由特教班教师进行教育与训练，普通班教师配合与协助。特教班教室及各资源教室为主要活动场所。每周数次，每次活动时间为30分钟。

（3）全园性的普特融合活动。将礼堂或操场作为主要活动场所，平均每月一至两次，每次活动时间为60分钟。由幼儿园的所有幼儿共同参与活动，如升旗仪式等重大仪式庆典或集体活动。

（4）志愿者参与的家园共训融合活动。由特殊幼儿家长开展教育与训练，由学校或社区的志愿者进行配合与协助，特教班教师或资源教师进行巡视指导。特教班教室及资源教室为主要活动场所。每月两次，每次活动时间为30分钟。

（三）反融合模式

反融合模式，是指将普通儿童安置在特殊班级内，与特殊幼儿一起生活、学习，安置于反融合模式中的普通幼儿与特殊幼儿在日常生活与学习都同时开展活动。特殊儿童和普通儿童一起在融合班级中接受教育，但部分时间到资源教室接受资源教师的个别辅导。资源教师为普通教师提供有关特殊儿童教学与辅导的咨询服务。

（四）联动融合模式

联动融合模式是指普通幼儿园或托幼机构与特殊幼儿的家长、社区、医疗及康复机构联合起来共同实施早期融合教育的模式。这种学前融合教育模式的特点是：建立起依托于社区的幼儿家长互助网，加深幼儿家长之间的相互联系；通过教师家访、传递家园联系册、举办家长学习班等多种形式，增强幼儿园与幼儿家长之间的信息交流与沟通；通过开展普通托幼机构与医疗、康复机构之间的合作，搭建早期干预、"教康整合"的平台，为家长提供特殊教育支持，促进特殊幼儿身心健康地发展。

（五）动态融合模式

动态融合模式是指教师根据每一个幼儿尤其是特殊幼儿在普通幼儿园接受早期融合教育的实际情况，通过不断地调整和更新项目活动、人员组合、教育内容和方法来增进学前特殊儿童与普通幼儿交往的早期融合教育模式。这种学前融合教育模式强调根据活动水平进行动态组合，最大限度地消除特殊幼儿与普通幼儿之间的隔阂，从而激发他们积极参与、相互帮助、共同提高的热情。动态融合模式的项目开展，需要动员全园的力量和教育资源，从园长到每一个教职工都是早期融合教育的倡导者和实践者。

＞ 二、学前融合教育指导模式

（一）资源教室模式

特殊幼儿教师的主要工作是执行抽离式的方案，主要负责特殊班或资源教室的教学，但同时也为普通幼儿教师提供有关学前特殊儿童教学与辅导上的咨询服务。这种教学模式强调特殊儿童大部分时间在普通教室与同伴一起接受教育，只在一定的时间段离开普通教室到资源教室接受辅导。而且资源教室是多元性的，它并不限定某一类型的特殊幼儿才可进入。

（二）巡回指导模式

巡回指导是指为了推进特殊幼儿融合教育，由特殊教育机构通过定期或不定期派出专业教师，对融合幼儿园中的特殊幼儿提供指导、咨询与帮助的重要支持方式。巡回指导老师通常是从一个学校巡回到另一个学校，且直接同特殊需要幼儿接触。这一模式也包括为融合幼儿园中的普通幼儿教师提供教学方法上的指导。这种方式花费少，指导的对象主要是少数学前特殊儿童。

（三）咨询模式

这一模式是巡回指导模式的变体或更自由化的模式，其不同之处在于特殊幼儿教师在同一办公地点为普通幼儿教师、特殊幼儿或家长提供服务,属于一种非直接的服务方式。特殊幼儿教师的主要职能在于当普教幼儿教师对特殊幼儿进行教学遇到问题时给予解答,或者协助普通幼儿教师制订个别化教学计划等。

(四)影子教师指导模式

影子教师,顾名思义是与特殊儿童如影随形,给予他直接帮助支持的教师助理。影子老师通常是在班级教师的督导和指导下,为特殊儿童提供积极的学习环境,以帮助他们能在主流教育环境中学习和适应。

美国《不让一个孩子掉队法案》中,影子教师被定义为在普通幼儿园或者中小学中雇佣的特殊教师,这些教师承担着在课堂中或活动项目中的督导监督作用,他们往往对特定的特殊需要儿童进行督导监督。影子教师得以存在的最重要原因,是由于普通教师和学生难以想象特殊需要儿童每天在融合环境中将经历哪些困难和煎熬,同时普通教师往往无法精确地把握到每个特殊需要儿童在学校的各方面需求。同样地,普通幼儿园教师及保育员每天都要面对很多幼儿,教师们有很多的事情要兼顾,往往难以精确满足特殊幼儿的需要。在这种情况下,在普通幼儿园就读的特殊幼儿(如自闭症、多动症、抽动症、学习障碍、沟通障碍、阅读障碍及感统需求大等幼儿)就特别需要一名影子老师的帮助与支持。

影子教师的工作内容通常包括:撰写每日工作记录:反馈特殊幼儿的需求和进展,收集相关数据;维持支持性的环境及安全的学习环境;记录和调控特殊幼儿的情绪和行为,使他们能够融入课堂;帮助特殊幼儿适应幼儿园和班级,引导他们恰当地遵守班级常规;维持特殊幼儿的课堂注意力及学业水平;利用课间、集体游戏时间、区角游戏时间等促进特殊幼儿的社会交往和语言能力;与家长、班级老师、机构康复师保持密切沟通,确保在家园共育中特殊幼儿的发展目标是一致的;评估特殊幼儿新的发展需求;报告特殊幼儿在影子教师计划中取得的进步;对特殊幼儿家长进行心理咨询与疏导等。

> 三、学前融合教育教学模式

(一)活动本位模式

活动本位模式要求以幼儿为教学活动的主体,在各类活动中融入个体发展的个别化目标,合理安排先行因素及预测行为后果,以培养幼儿的功能性和生成性技能。活动本位的意义在于教师以各种自然环境中发生的事件为教学内容,为幼儿创造可以学习的机会。这些学习的时间不必很长,重点在于将幼儿的个别化学习目标融入活动和生活作息中。在设置这些教学内容的时候,教师必须明确,教学关注的不是各项活动,而是幼儿在参与活动时被培养的适应不同环境需要的各种社会技能。

在教学中,运用活动本位模式的优点在于:

(1)教学策略可以与活动和作息相结合,因此策略的设计符合自然情境,而且不必单独设计教学。

(2)教学的设计是以幼儿的兴趣喜好为中心,能够引发幼儿的参与和学习动机。

(3)幼儿在自然情境中的学习,同时也为他们提供了练习和应用新技能的机会。简言之,就是自然情境既提供了学习新技能的机会,也提供了练习新技能的机会,而不同于以往的教学将学习和练习相分离。

(4)老师将幼儿的学习融入不同类型的活动中,可增加幼儿内化技能的机会,幼儿通过不同活动可以灵活迁移适应多种社会环境的技能。前者是后者的基础形式,进一步促进幼儿独立地适应社会生活。

(二)积极行为支持模式

积极行为支持强调教师对学前特殊儿童的行为进行全面的功能性评估,在教学过程中为幼儿提供有利于适应性行为产生的相关先行因素和行为后果,从而使幼儿养成良好的社会适应性行为,并以此取代各类问题行为。具体说来,积极行为支持教学模式有以下几层内涵。

第一,强调学习、游戏环境的创设与改变,而不是针对问题行为的直接惩罚与抑制。早在20世纪30年代,著名心理学家桑代克就修正了他的学习定律,指出:"惩罚并不一定削弱联结",也就是说,惩罚并不是改变问题行为的有效方式。20世纪80年代中期,积极行为支持的理念被提出:强调以积极的、指导性的方法来代替对学前特殊儿童严重行为问题的惩罚。积极行为支持并没有把行为改变的焦点放在特殊幼儿个体身上,而是主张通过创设有利于适应行为发生的学习与游戏环境来促使幼儿的问题行为得到改变。因此,积极行为支持需要教师对于幼儿行为的反应作出非惩罚性地、有建设性地、积极地回应。

第二,功能性行为评估是实施积极行为支持的核心步骤。积极行为支持与功能性行为评估密不可分,其理论假设认为每一个行为都有其功能。行为的功能有三类:正强化(通过行为得到了个体想要的事物);负强化(通过行为避免了个体厌恶的事物);感觉刺激与调整(通过行为提高或降低感觉刺激,使感觉输入保持在一个合适的水平或者产生感觉输入)。功能性行为评估就是要通过评估幼儿问题行为与发生的环境、先行因素、行为后果之间的关系,了解幼儿问题行为的社会生态学功能(即幼儿的问题行为在什么情境下发生、有哪些关联要素、起到了什么作用),进而为之后的行为干预计划提供依据。

　　第三,强调在控制问题行为发生的同时,要教给幼儿正确的目标适应行为。积极行为支持基于功能等价模型,目标在于教会幼儿用一种可以与问题行为达到同样社会功能的适应行为来抑制并代替问题行为的产生。在实行积极行为支持的过程中,对于学前特殊儿童的问题行为,教师当然应该给予及时、明确的回应,引导幼儿纠正此行为。但更重要的是,教师还应该教给幼儿可以达到问题行为同样功能目的的适应性行为。

第三章
学前融合教育的发展历程与现状

◎ **本章聚焦**

　1.国外学前融合教育的历史发展

　2.中国学前融合教育的历史发展

◎ **本章结构**

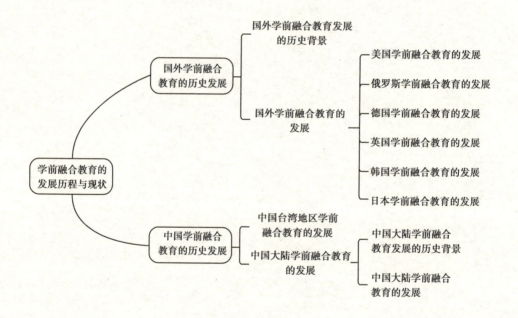

【小案例】

小雨的融合之路①

　　小雨,4岁,听力障碍幼儿,已就读融合幼儿园一年半。小雨在入园前,由爷爷奶奶经常带在家里,从未去过幼儿园。入园后,她与普通幼儿的关系淡漠,攻击性行为明显,在集体活动中社交能力弱,常规差,不愿意参与活动。

　　班级老师和康复师通过对小雨融合行为表现进行观察、分析,给予了以下策略:当

―――――――――

　　① 本案例由昆明学院附属儿童发展中心王姗撰写。

小雨缺乏交往性语言时,普通班级教师要和语训教师及小雨家长沟通,共同创设语言交往的情境,丰富小雨的交往语言,争取让小雨在情境中学习和运用语言,而非机械模仿;普通班级教师通过创设和谐的班级氛围、融洽的师生关系和良好的交往环境,使班级里的每位幼儿都愿意帮助别人,会遵守交往礼节,为小雨呈现大量的交往示范,让小雨在耳濡目染中增强交往意识,提高交往技巧。最后,引导普通幼儿及家长正确看待小雨,接纳小雨,共同帮助小雨建立同伴关系。

【大思考】

开展学前融合教育需要哪些支持? 班级里应如何开展学前融合教育?

学前融合教育的理念越来越受到世界各国的推崇。无论是西方发达国家还是部分发展中国家都在政策和实践层面积极推动学前融合教育的发展,我国各个地区也在政策上对学前融合教育予以倡导,并就具体的做法进行了规定。本章主要探讨学前融合教育的起源,以及在国内外的发展历程与现状。

第一节 国外学前融合教育的历史发展

学前融合教育秉承让所有的学前幼儿接受正常教育的理念,维护与保障学前特殊儿童的教育需要,强调整合幼儿园与相关机构、特殊幼儿的家庭与社区、政府以及社会的多方资源而形成教育教学与支持服务体系。学前融合教育的产生与发展尊重了特殊儿童的个别差异,保障儿童的受教育权利,是对传统学前教育模式的突破与补充。

> 一、国外学前融合教育发展的历史背景

学前融合教育思想最早开始于欧美等西方发达国家,直接起源于美国 20 世纪 50 年代以来的民权运动,更远可以追溯到文艺复兴、法国启蒙运动时期西方对平等、自由的追求的一系列社会运动。并随着国际组织的推动,逐渐传播到其他国家与地区,成为特殊教育发展的一个潮流。

学前融合教育的出发点是:受教育是基本人权,也是维护社会正义的基础。这一基本观点的产生受《联合国宪章》和《世界人权宣言》的影响。1960 年,第 23 届国际教育大会通过的《智力障碍儿童的特殊教育组织建议》中明确指出:"《世界人权宣言》的教育权适用于所有的人,包括最不智慧的人。"该建议从主体权利的角度阐述了特殊教

育的重要性。学前特殊儿童不应仅被安置到相对隔离的教育环境中,缺乏与正常同伴之间的交流互动,支持国家有义务对特殊儿童实施免费的义务教育,并且强调要使特殊儿童融入正常的社会生活。

20 世纪 50 年代以前,学前特殊儿童由于自身的生理及其心理因素,备受他人歧视与唾弃。20 世纪 50 年代,欧洲出现了特殊教育"正常化运动"。正常化原则自从丹麦的米克尔森在 1950 年提出后,经瑞典人尼尔耶和美国人沃尔芬伯格的倡导在 20 世纪 60 年代奠定了其基本的思想体系,即强调身心障碍者的个别性和公民权,认为身心障碍者应该尽可能地与普通人一样,拥有一个良好的教育和生活环境,并享有自由的权利和公平的机会。正常化运动要求改革原有的隔离封闭形式的特殊教育、养护机构,将特殊儿童安置到正常社会环境中生活和学习,使其能适应社会生活。实施途径有二:一是通过改造特殊教育、养护机构,使其在隔离的环境中提供尽可能正常的设施与环境等;二是使特殊儿童融合到普通教育机构,与正常儿童、主流社会文化保持联系。

"正常化"主张传到美国之后,邓恩于 20 世纪 60 年代提出改革方案,并于 20 世纪 70 年代中期掀起了一场以融合为主导的"回归主流""一体化"等特殊教育改革运动,主张让特殊儿童在最少受限制的环境中接受教育,原先以医学为主导的隔离教育模式遭到了前所未有的批判。

一般认为,美国发布《所有残疾儿童教育法》,标志着"回归主流"教育运动的开始。其核心思想是:最大限度地将特殊儿童安置在普通班级接受教育,与普通儿童共同学习和生活;让特殊儿童在最少受限制的环境中接受教育;制订个别化教育计划以满足残疾儿童的不同需要。主要有两种模式:零拒绝模式,此模式必须附设特殊教育教师的咨询服务,并训练普通班教师处理特殊儿童的问题;失败—救援模式,该模式具有一定的弹性,可看成是一种过滤体系。

首先,普通教师可要求一位特殊教育咨询人员协助其教材设计和教学方法,如不成功,可将特殊儿童转移到资源教室/普通班,再不行,就到资源教室/特殊班就读两个学期,期满后,再评估决定特殊儿童是否回资源教室/普通班/特殊班,若选择特殊班,则最长两年为期,要再送回普通班/资源教室进行评量。可依其统合的程度分为三种形式:物理空间的回归主流,社会互交活动的回归主流,教学的回归主流。然而实践证明,回归主流需要一定的条件支持。

1978 年,英国的《沃诺克报告》在世界上首次提出和使用"特殊教育需要儿童(Children with Special Education Needs)"这一概念。自此之后,英国的特殊教育政策逐步向融合教育发展。1994 年,在政府部门、教师、家长以及社区的共同努力下,特殊教育体系得到了重大改革,学前融合教育部门间合作模式得到了确立与推广。

　　"一体化教育"在日本被称为"统合教育"。日本在 20 世纪 80 年代初期在部分地区掀起了"将所有障碍儿童送入普通学校"的教育改革运动,称之为"统合教育"。丹麦自 20 世纪 70 年代开始将盲童安置在普通公立学校接受混合式的学校教育,使得盲童与其他儿童一样以同样的条件接受教育。一体化教育要求将两种不同的教育(普通教育和特殊教育)简单地糅合在一起,组成一种新的教育体系。

　　20 世纪 90 年代初,国际教育界致力于推动全球性的全民教育运动。1990 年,由联合国教科文组织、联合国儿童基金会、联合国开发计划署、世界银行发起,在泰国宗迪恩举行的"世界全民教育大会"通过《世界全民教育宣言——满足基本学习需要》。它倡导创设条件保障每一个儿童的受教育的权利,其中也包括有特殊教育需要的儿童。宣言的发布为确保儿童受教育权利的实现和世界各国达成开展学前融合教育的共识奠定了基础。

　　全民教育大会之后,世界各国开始共同考虑如何创设条件保障每一个儿童的受教育权利。1994 年 6 月,在西班牙萨拉曼卡召开的"特殊需要教育大会"通过了《萨拉曼卡宣言——关于特殊需要教育的原则、方针和实践》。萨拉曼卡宣言对融合教育的内涵进行了阐释,也对学前融合教育进行了阐释:"每一个儿童都有独一无二的个人特点、兴趣、能力和学习需要;教育系统的设计和教育方案的实施应充分考虑到这些特点与需要的广泛差异性;有特殊需要的儿童必须有机会进入普通学校,这些学校应该将在以儿童为中心的教育活动中满足他们的需要"。《萨拉曼卡宣言》还正式提出全纳教育和全纳学校,并对全纳教育的思想和概念进行了阐释。萨拉曼卡会议的召开,标志着世界性全纳教育实践的开始,也是学前融合教育实践的开始。

　　另一方面,是父母、专业工作者以及残疾人自身的呼吁和倡导。当时,不少教育工作者、父母、专家开始认真探讨隔离教育的价值,思考该种教育形式的合理性以及效益问题,比如,就特殊学校、特殊班级这种隔离安置形式是否有利于智力落后儿童的教育这一主题展开了大规模的讨论。很多研究者认为,特殊儿童被限制在特殊学校、特殊班级中接受教育不一定能够产生很好的教育效益。一些人认为特殊学校、特殊班级这样的安置模式只会给儿童贴上一个标签。其中,劳伊德·邓恩对隔离式特殊教育提出的批评影响甚广。

　　综上所述,学前融合教育的产生是西方人权民权运动的推动、民主政治的推进、科技发展助动以及欧美国家出现的特殊教育"正常化运动""回归主流""一体化"等特殊教育改革运动共同作用的结果。

> 二、国外学前融合教育的发展

　　特殊幼儿的学前教育问题日益得到社会的关注,将学前特殊儿童安置到融合幼儿园,而不是把他们纳入隔离式的特殊教育机构中,逐渐成为世界性的学前融合教育潮流。随着融合教育体系的不断完善和发展,学前阶段融合教育的关键性越发凸显出来。在教育机会均等和教育公平观念深入人心的大环境下,学前融合教育的实践逐步深入,英国、美国等国家纷纷制订了相关政策用强制手段保证特殊幼儿融合的比例和受教育权,并投入大量资源给予支持,学前融合教育逐渐在西方发达国家开展起来,然后在世界范围内推广。美国、俄罗斯、德国、英国、韩国、日本的学前融合教育开展有一定的典型性。

(一)美国学前融合教育的发展

学前融合教育最早源于美国,开展至今已有 60 多年的历史,作为学前融合教育发展的旗帜性国家,在立法政策、实践机构、教学策略等方面完善突出。纵观美国学前融合教育的发展,经历了由隔离到一体化再到融合的过程。

20 世纪 60 年代以前,美国学前融合教育是隔离式的。二战结束后,美国联邦政府面对不同种族、不同阶层相继出台了一系列的法案,促进了学前儿童受教育机会的均等,加强了对学前融合教育的干预力度。这时的学前融合教育对象主要是自身生理或心理上有缺陷的儿童,因歧视被隔离在特殊学校或特殊班级中。1965 年,美国国会要求为贫困家庭的子女施行"开端计划",该计划将美国学前教育的热潮引向关注和支持弱势群体,并将融合教育的实践向普通儿童与弱势群体儿童的平等受教与团结互助倾斜,为推动美国学前融合教育的进步发挥了极其重要的作用。但实践方式仅仅是形式主义意义上的,即在形式上将有特殊需要的儿童安置在普通班级中,这种安置并没有实现真正意义上的"融合"。

20 世纪 60 年代以后,美国主张以"融合"的形式取代"隔离",认为隔离式的学前教育会严重阻碍特殊儿童的发展,因此主张将有特殊需要的个体融入到普通的环境中,并与普通儿童一同受教育。1968 年,美国通过了《残疾幼儿早期援助法》(即 90—538 公法),颁布这一法律的目的是提高残障和高危婴幼儿及其家庭早期干预服务的质量和水平,同时联邦政府还为"第一次机会网络"等实验中心及其示范干预模式提供资助。

20 世纪 70 年代"回归主流"运动兴起,1975 年颁布的 94—142 公法,即《所有残疾儿童教育法》,明确将特殊儿童纳入到学前融合教育的范畴中,规定不管儿童的障碍程度如何,政府都要为 3~21 岁的特殊儿童在最少受限制环境中提供免费、恰当的公立教育,将"最少受限制环境"作为一项基本原则,提出"零距离"的理念。这一法律规定必须依据无歧视性评价,为儿童提供个别化教育计划(Individualized Educational Program,简称 IEP),主张特殊儿童能在最少受限制的环境下接受教育。其意义是让特殊儿童可以最大程度地享有与普通儿童一样的服务与支持。

1973 年的《康复法案》（即 93—112 公法中的 504 部分）要求不能以残疾为理由将幼儿排斥在任何接受了联邦财政援助的课程和活动之外。1986 年美国颁布的《所有残疾儿童教育法修正案》从根本上加强了"学前拨款计划"，把它从鼓励性条款上升为强制性条款，并明确规定任何申请"学前拨款计划"的州都必须从 1991～1992 学年起为所有 3~5 岁残疾幼儿提供适当和免费的学前教育，并要求对从出生至 3 岁的婴幼儿实施"个别化家庭服务计划"（IFSP）。在这一阶段，主要关注特殊幼儿的"安置"问题，而忽视了教育环境应该为接纳特殊幼儿做出的转变。特殊儿童虽然在形式上已经融入到学前教育，但他们在普通学前教育环境中所得到的支持和服务相对比较局限。

学前融合教育的真正实现是在 20 世纪 90 年代。1990 年出台的《障碍者教育法》提出"障碍只是人的某种特征，不应把人等同于障碍"，充分地将"正常化"思想落实到了学前融合教育的实践中。同年，《残疾人教育法》（简称 IDEA）则明确提出为婴幼儿服务，具体是为 0~3 岁残障婴幼儿或有发展迟缓婴幼儿建立广泛的、多学科的、跨机构的、合作的服务系统和为 3~5 岁学龄前幼儿提供服务，还提出增加转衔服务内容。1992 年，美国所有的州都开始全面实施 3~5 岁残疾幼儿的公费学前教育。1997 年的《残疾人教育法》修正案规定州政府必须开办 3~5 岁阶段的学前特殊教育，国会授权联邦政府拨款辅助各州政府提供出生至 3 岁阶段身心障碍婴儿与幼儿的早期干预方案。1997 年《障碍者教育法修正案》的颁布进一步完善了美国学前融合教育的实践，这从侧面给这一群体提供了更多参与到普通学校中，与普通儿童一起受教育的机会，为美国学前融合教育的发展提供了保证。另外，修正法案强调要将 3~5 岁有特殊教育需要的儿童放置在限制最少的环境之中，重视 3~4 岁有特殊教育需要的儿童进入 5 岁学前教育项目之前的过渡适应教育。IDEA 修正法案还提出在 3~9 岁有能力缺陷儿童的障碍分类中增加一类"发展迟缓"障碍，允许各州根据具体情况将那些在认知、身体、社会、情绪或适应性方面存在发展迟缓障碍的儿童纳入特殊教育的服务范围。值得一提的是，IDEA 修正法案将 3~9 岁儿童存在的个体能力缺陷共分为 11 类，分别是特定学习能力缺陷、情绪紊乱、智力落后、自闭症、发音损害、言语损害、听觉损害、视觉损害、创伤性脑损伤、其他健康损害和发展迟缓，另外还特别强调专家对儿童具体障碍的鉴定要推迟到儿童满 9 岁之后再进行。到了 2000—2001 学年，0~2 岁婴幼儿接受早期教育干预的人数约为 23 万人，3~5 岁学前幼儿接受特殊教育服务的人数约为 60 万人，这些幼儿大部分都在融合的教育环境中接受教育。

美国特殊教育对象的年龄始于 0 岁，政府对有特殊教育需要的儿童的关注度很高。相关立法规定，3~5 岁有特殊教育需要的儿童有权获得免费的融合教育服务，有权进入为正常儿童提供的早教服务项目中接受教育;对有特殊教育需要的儿童进行鉴别、诊断的评估程序必须是非歧视性的;必须为每个有特殊教育需要的儿童制订一份个别化教育计划,并定期评估他们的进步;有特殊教育需要的儿童的家长有权参与当地教育政策、孩子的个别化教育计划和个别化家庭服务计划的制订,有权对教育机构作出的有关孩子教育问题上的任何决策质疑。有关学前融合教育的立法日趋完善,更为学前融合教育实践的正常开展提供了法律保证。

美国学前教育阶段主要服务于融合教育的机构是特殊幼儿部,主要负责幼儿的特殊教育,服务于有能力缺陷或发育迟缓的年幼儿童,包括0~3岁特殊婴幼儿的早期干预、3~5岁学前儿童服务等;另外还有美国幼儿教育领域的权威专业机构——全美幼儿教育协会,服务于全体0~8岁幼儿的融合教育活动。因为服务对象和服务范围不同,特殊幼儿部与全美幼儿教育协会在学前融合教育的理念上有所差别,但是随着近年来融合教育的发展,两个部门间的合作越来越多,双方的理念和实践也逐渐走向融合,制订了共同的学前融合教育原则。

(1)有目的地投放材料。重视为学前特殊儿童投放可以吸引他们参与社会性游戏和合作性游戏的材料。

(2)隐性实施辅助教育策略。通过以个体发展目标和需要为基础的游戏活动,或者个体自发游戏,内隐地实施辅助措施,促进学前特殊儿童社会性交往能力的发展。

(3)以同伴学习为主体。为小组儿童设计空间和活动,提供多套材料,提示有特殊教育需要的儿童观察并模仿同伴的活动,增加同伴榜样示范的机会。

(4)增强语言的线索指导作用。通过选定语言符号的方式帮助学前特殊儿童理解和表达自己的情绪,通过示范演示鼓励学前特殊儿童运用言语线索解决问题。

(5)强化直观教育手段。给予学前特殊儿童更多的图画、口语、手势和身体提示,为其提供直观的指导。

(6)及时反馈,增强信心。为学前特殊儿童提供即时反馈,鼓励他们产生更多的适当或者理想行为,这也有利于实现成人的反应行为与儿童的具体能力和功能水平之间的匹配。

美国学前融合教育注重为3~5岁有特殊教育需要的儿童提供融合教育服务,实施学前融合教育的内容和形式较丰富,包括特定学习能力缺陷、情绪紊乱、智力落后、自闭症、发音损害、言语损害、听觉损害、视觉损害、创伤性脑损伤、其他健康损害、发展迟缓等11类有特殊教育需要的儿童。为5岁以下学前特殊儿童提供融合教育服务的主要机构有保育学校(大多为半日制,招收3~4岁幼儿)、日托中心(均为全日制,招收5岁以下幼儿)、家庭托儿所、公立学校附设的幼儿园等。

学前融合教育有全融合、半融合、反向融合三种主要的融合形式。全融合是指有特殊教育需要的儿童全部时间里都和正常儿童在同一课堂内一起学习。半融合是指有特殊教育需要的儿童部分时间里和正常儿童一起学习,部分时间到特殊班或康复训练中心接受训练。反向融合则是一种特殊的融合教育形式,自 1980 年在纽约州的北西拉鸠斯市中心区域开始实施。反向融合是指在获得父母允许的前提下,将一两个正常儿童安置在招收有重度多重特殊教育需要儿童的班级,这一两个正常儿童和班级里的特殊儿童一起参加从周一至周五、从早上 9 点至下午 2 点的学习活动。在学前融合教育课程与教学策略方面,由未考虑特殊儿童需求到制订 IEP 和 IFSP,并以儿童为中心,制订出基于活动的早期干预策略,为特殊儿童提供感官刺激、小步子、多元教学、多层次教学及同伴辅导教学等。

【知识拓展】

美国学前融合教育的特点①

第一,高质量的融合教育观念。自 20 世纪 70 年代"回归主流"运动起,美国开始推动残疾儿童到普通教育环境中接受教育。时至今日,美国的融合教育已经不满足于儿童在物理环境上的融合,更关注到每个儿童都有权利获得满足其教育需求的教育,儿童不仅能够享受物理环境的融入,还能够有机会参与到课程和活动中,获得差异教学或个别辅导,保证残疾儿童在融合环境中的教育质量。

第二,通用有效的课程。1997 年具有里程碑意义的《残疾人教育法修正案》颁布,规定了残疾学生享有通用教育课程的准入、参与和进步的权利。同时,残疾儿童需要通过州规定的为残疾儿童设计的评估,这对融合环境的课程设置提出了挑战。2003年,美国儿童学业成就课程项目的启动,推动了通用课程的应用与发展。从免费的、适当的公立教育到提供相关服务,残疾儿童有资格接受为他们专门设计的教育活动,其目标、方法、材料及评估都是高度个性化的,需要基于儿童的 IEP 制订。最具创新特点的是根据儿童障碍类型和学习特点提供的特别设计的学习材料,以及根据儿童特殊优势或劣势不断开发的软件程序。但仅仅是调整材料还不够,还需要特殊的课程设计支持儿童参与课程和活动,比如改进师生比例、增设"影子教师"、调整活动节奏等。

第三,全面的支持服务体系。融合教育的一个重要因素是足够的支持与服务。若想满足残疾儿童的教育需求,需要专业的人员和资源的协作。美国融合教育基本形成了囊括评估、康复、教育的完整支持体系。由专业医师、心理学专家对儿童进行评估鉴

---

① 秦婉,肖非.美国学前融合教育发展概况、特点及其对我国的启示[J].现代特殊教育,2019(6)76-78.

定;由负责教学的教师和助教指导儿童参与课程和班级活动,并在活动过程中给予辅导和支持;根据儿童的需求,由提供特殊教育服务的言语治疗师、职业治疗师、物理治疗师等为儿童提供治疗服务;还有社工在儿童生活学习等方面提供支持和帮助。残疾儿童在入园前就得到了完善的评估,以及根据评估结果及教育需要制订的IEP。进入融合班级后,儿童可以参与通用课程,根据其IEP获得相应的学习支持和康复治疗服务。全面的支持体系保证了学前融合教育的顺利推进,尽可能为儿童提供最少受限制的环境,满足了儿童的教育需求。幼小转衔阶段,由转衔工作人员领导的团队为儿童进行转衔安排,调动家庭、幼儿园、小学和专业干预人员的相关资源,帮助两个教育阶段的工作者进行信息交流和安置调整,帮助儿童和家庭顺利完成幼儿园到小学的过渡。

第四,所有儿童都能在融合中受益。融合教育不仅应关注残疾儿童在普通教育环境中的成长,也需要关注到该环境中其他儿童的成长发展。研究表明,不仅是残疾儿童能在融合环境中得到较好的发展,普通儿童也能在融合环境中受益。儿童可以在融合的环境中积极参与课堂活动,发展友谊,形成正确的对于残疾的认知和态度。为学前残疾儿童提供参与课堂和活动的机会,不仅保护了残疾儿童平等的权利与地位,同时也更有利于普通儿童建立平等的观念,减少对残疾的偏见和误解。残疾群体的平等地位不能仅落实于书面政策法规,更重要的是能够推动残疾群体走向社会,参与社会活动,享受同等的权利。

(二)俄罗斯学前融合教育的发展

相对于其他国家的学前融合教育,俄罗斯的学前融合教育发展最为迅速。

20世纪50年代,苏联在全国建立专门负责诊断和安置残疾幼儿的机构:医学—心理—教育委员会,国家为它制订详尽的工作条例。来自心理学、医学、特殊教育等不同领域的专家及教育、医学、社会保障机构的委员会成员们对特殊幼儿进行了评估诊断,并以评估诊断作为教育安置的依据。70年代后,苏联在普通幼儿园中设立了特殊幼儿班,特殊学校中也专为视力障碍、听力障碍、情绪障碍和精神障碍的幼儿设立了学前班,其任务旨在更准确地诊断幼儿发展缺陷;实施全面发展的教育,矫正第一缺陷,预防第二缺陷;帮助特殊幼儿做好入学准备。除了以上机构,学前幼儿还可以在幼儿教育之家和特殊康复中心中接受教育。90年代以后,俄罗斯注重发展学前融合教育,越来越多的特殊幼儿能够在普通托儿所或幼儿园中接受教育,拥有在融合的环境中与普通幼儿一起学习的机会。

在俄罗斯,有专门招收特殊幼儿的学前教育机构,也有同时招收特殊幼儿与普通幼儿的混合型幼儿园。混合型幼儿园增加了在融合教育环境中接受服务的幼儿的人数,但是融合的程度参差不齐,并且不同残疾类型的幼儿在融合环境中的比例也不尽相同。学前教育机构和混合型幼儿园会为每一个特殊幼儿制订个别化学习计划,并在每年对这些幼儿进行心理—教育—医学评估,以决定这些幼儿下一年的安置形式。那些发展程度上比较接近普通幼儿的特殊幼儿可以在普通班级中学习并偶尔接受抽出式的特殊教育服务。一个混合型的特殊幼儿园可以有不同种类的抽出式服务小组对各种特殊幼儿进行服务。

(三)德国学前融合教育的发展

德国非常重视特殊儿童的早期筛查、早期干预和早期教育。针对 0~6 岁的婴幼儿,政府或社会服务部门承担早期筛查和检查费用,家庭将婴幼儿带到指定的医院由儿科医生对其进行医学、心理方面的检查,也包括残疾和高危儿的早期筛查,若发现异常,提醒家长的同时也会及时采取早期干预措施。

在德国,3~6 岁特殊儿童可以到特殊幼儿园,也可以到融合幼儿园接受早期教育,这些幼儿园融合师资力量相对较强,特配教授、义工、心理专家、学前特教工作者、幼儿园管理人员等都能服务于特殊儿童。以德国不来梅州学前融合教育最具有代表性,据了解不来梅州 480 名特殊幼儿均匀地散布于 79 个幼儿教育机构,与 4 000 名正常幼儿共同生活和学习。目前,德国有 61.5% 的特殊幼儿在融合教育环境下接受学前特殊教育。

(四)英国学前融合教育的发展

英国的学前融合教育,融合教育政策与教育人员最值得他国借鉴。

从 1978 年沃诺克报告(Warnock Report)在早期教育原则中明确提出:幼儿不能因种族、文化或宗教、母语、家庭背景、特殊的教育需要、缺陷、性别或能力不足而遭到排斥或被置于不利地位。到 1997 年,英国政府颁布了特殊教育绿皮书,要求所有学前幼儿均要在普通学校注册,同时建议优先考虑对存在感官障碍、肢体障碍或中度学习困难幼儿实施融合教育。英国政府在《特殊教育需要鉴定与评估实施章程》中提出要在学前教育环境中对学前特殊儿童进行诊断、评估,为其提供有针对性的服务,满足特殊儿童的教育需求。该章程规定,如果儿童被鉴别出存在特殊教育需要,教育者应及时采取早期干预措施。该章程同时赋予儿童家长更多知情权,也强调要成立有效的多学科工作小组,为特殊儿童提供融合教育服务。每一项政策都推动着学前融合教育前进的步伐。

英国的学前融合教育主张多机构间的相互合作,教育部门、卫生部门、社会服务机构、志愿者机构等的相关人员及儿童家长共同参与,服务于特殊儿童。在教育部门,参与学前融合教育的专业人员包括教育心理学者、早期特殊教育支持教师、视/听/语言障碍行为支持教师、融合教育协调员以及学习辅导教师。这些专业人员主要负责参与学前儿童的法定评估,鉴别学前儿童的发展困难状况,为融合教育教师及家长提供教育建议,并为融合教育教师提供专业培训。

其中融合教育协调员和学习辅导教师承担着重要的任务。融合教育协调员的主要任务是:根据学前特殊儿童的特点,为儿童提供可获得的资源;对融合教学提供建议,进行融合教学示范,监测融合教育政策的实施质量及效果;为教师提供专业建议,帮助教师正确处理与特殊儿童及同事的关系,为教师提供专业培训;与特殊儿童家长保持合作关系等。

学习辅导教师必须了解学前特殊儿童的不同需求,与教师讨论对儿童有利的课程安排,增加儿童学习主流课程的机会。同时学习辅导教师还应经常使用开放式问题向儿童提问,鼓励儿童讨论所学知识及他们理解的内容,为儿童提供分享展示的机会。学习辅导教师必须记录儿童的学习成果以及所提供的支持策略对儿童的影响效果。此外,学校辅导教师要经常与任课教师沟通,互相合作,共同促进儿童的发展。

卫生部门的参与人员包括一般干预者、健康状况巡访员、儿科医生及儿科顾问、学校健康服务人员、言语语言治疗师、生理治疗师、职业治疗师、听力/视力专家及临床心理学家,还包括其他参与人员,如儿童精神疾病护士、精神疾病顾问、心理治疗师、咨询师和其他领域工作者。卫生部门的专业人员主要在幼儿入学评估中提供医学方面的评估诊断以及干预意见,具体责任包括鉴别儿童生理问题,对儿童的特殊需要进行鉴别和诊断,定期监测儿童发展状况,及时与儿童家长联系,为家庭提供合理的干预训练策略,监控干预训练过程及特殊教育服务质量等。

社会服务部门中参与融合教育的专业者为社会工作者,他们具备一定的专业技能,通常与专家小组一起工作,为特殊儿童及其家庭提供服务。社会工作者主要通过一些专业技能和资源为特殊儿童家庭提供服务。如果儿童家庭在为特殊儿童提供适当服务时出现困难,社会工作者会评估儿童家庭的困难情况,为儿童家庭提供指导和支持。社会工作者可以就某些问题指导儿童家长向相关机构或专家求助。在某些家庭得到有关机构或专家的帮助后,社会工作者会经常对这些家庭作巡访,并提供适当的支持。总之,社会工作者的主要职责是在家庭情境中对儿童进行评估,并提供相应的干预支持,推荐儿童到相关机构接受服务,监控儿童及其家庭情况,向家长提供建议等。

志愿者支持机构通常是一些慈善机构。志愿者机构主要负责向公众宣传融合教育观念,为特殊儿童提供午餐,对融合教育者进行培训,为融合教育研究者提供研究数据等。在教学上,针对能力、年龄和不同特殊需求的儿童,制订出适宜的教学方法。采用口头反馈、讨论等方法培养听觉技能弱的儿童,采用看录像、绘画等方法提高视觉能力弱的儿童,通过多感官体验、操作教具等方法加强运动知觉能力弱的儿童。

(五)韩国学前融合教育的发展

20 世纪 80 年代初,韩国开始在幼儿园中开办了特教班,接收特殊需要儿童,开展学前融合教育。经过多年的实践,形成了较为完善的学前融合教育支持体系。

韩国主要从政策、社区、机构、幼儿园、家庭等方面对学前特殊儿童提供支持。为特殊幼儿的诊断与评估、幼儿园特殊班级配置、幼儿园环境设施建设、学前融合教师师资培训给予大量财政与政策法律支持;强调幼儿园对特殊幼儿的教育要具有针对性,及时调整课程与教学策略,提出对特殊幼儿提供一日生活参与支持、社会互动增进支持以及学习支持等。同时响应专家团队合作,开展幼儿园范围内的积极行为支持以及幼小衔接支持,呼吁特殊幼儿家长、小学以及相关机构合作参与,共同为特殊幼儿提供支持与服务。

(六)日本学前融合教育的发展

日本最初对待特殊儿童经历了分离教育到融合教育的过程。融合教育根据教育时间分为完全融合教育[①]与部分融合教育[②],提出可以通过个别指导和小集体指导增加特殊儿童与正常儿童互动交流的机会,建立友好的同伴关系。另外,学前融合教育坚持历史成长观的课程理念,强调通过融合让特殊儿童更大程度获益,同时强调教育人员要根据特殊儿童的历史成长考虑分析他们目前与未来的行为与发展。

随着学前融合教育事业的发展,发达国家重视将特殊幼儿安置在融合教育环境中学习,发展中国家也已经开始这方面的实践,如印度和巴西为促进学前融合教育的实施与发展,为此制订了系统的教育计划。

【知识拓展】

国外学前融合教育的发展特点[③]

欧美等西方发达国家学前融合教育并不仅仅意味着让特殊儿童"回归"主流学校系统,还指向人权的实现、社会层面和学校系统全面改革,包含着丰富的内涵,主要有以下几点:

---

① 完全融合教育指特殊儿童所有的教育时间都是在教育所或幼稚园与正常儿童一起度过。
② 部分融合教育指特殊儿童只与正常儿童一起度过部分教育时间。
③ 雷江华,刘慧丽.学前融合教育[M].北京:北京大学出版社,2019(10):4-5.

第一，学前融合教育意味着特殊儿童教育场所的改变。特殊儿童从之前在隔离的教育环境中受教育，转换到主流学校的融合环境中受教育，这是融合教育最为明显的外在表现。

第二，学前融合教育所关注的不仅仅是一部分特殊儿童，而且包括所有的儿童。融合教育关注每一个儿童的特殊性，而不仅仅是传统意义上的特殊儿童。学前融合教育理念主张每一个人都有其个别化的教育需要，而不仅仅是特殊儿童。

第三，学前融合教育意味着一项根本性的学校变革。学前融合教育将特殊儿童安置在普通幼儿园中受教育的做法，大大增加了普通教室内儿童的差异性。为了能够应对这种差异，幼儿园应该改变以往的组织方式与教育教学方式，使得所有儿童都能在主流学校中被培养。

第四，学前融合教育意味着增加全体儿童的社会参与，减少社会排斥。学前融合教育的目标是要确保所有儿童能够接受学校所提供的所有教育和社会机会。融合的核心价值在于"促进全体儿童的全面参与"，这一价值与平等、公平、尊重差异以及为孩子们创造一个可持续发展的未来社会等理念紧密相连。

第五，发展学前融合教育是一个持续不断的过程。学前融合并不仅仅意味着从一种教育形式转向另一种教育形式这样简单。正如英国融合教育理论家爱因斯卡所说："融合常常被简单地理解为把学生从特殊学校转移到主流环境之中，以为只要他们在那儿，他们就被融合了。相反，我认为融合并不是状态的简单改变，而是一个永不结束的过程，它依赖于主流环境中教学和组织结构的持续发展。"

第六，学前融合教育建立在人权观念的基础。根据融合教育的本义，inclusion（接纳）指的是普通学校要接纳所有的幼儿，只要可能，所有幼儿都应该在一起学习，而不论他们在身体、智力、社会、情感、语言、文化、种族等方面的差异或可能存在的障碍。这实际上是提出了人具有平等受教育的权利问题。

第二节 中国学前融合教育的历史发展

学前融合教育在世界各地都受到了不同程度的关注，中国的学前融合教育也在逐步推进。港澳台地区的发展较早，成效显著，其他地区紧随其后，政策保障不断发展。

＞ 一、中国台湾地区学前融合教育的发展

我国港澳台地区自20世纪90年代开始推动并实施学前融合教育，迄今已有20多

年的历史。其中,以台湾地区学前融合教育效果最为显著。

1997年我国台湾地区修订的特殊教育相关文件中提出"融合教育"这一理念,在1998年的施行细则中明确了"学前阶段身心障碍幼儿,应与普通幼儿一起学习"的原则。至2013年经历了4次修订,并在2013年明确规定"各级学校及事务单位不得以身心障碍为由,拒绝学生入学或应试"。2012年台湾地区施行幼儿教育及照顾的相关规定,进一步落实推进学前融合教育,所有公立幼儿园做到"零拒绝",强调身心障碍儿童与普通儿童的融合教育,期望两者都能获得发展。在21世纪的近20年里,台湾地区不仅在法律法规中对融合教育有了更加细致的规定,更在教育实践中取得了较好的成效。

纵览台湾地区,学前融合教育的发展经历了"隔离—安置—整合"的发展历程。台湾地区最早是对特殊儿童实施"隔离教育",即送入启明、启聪学校。1890年创办的训育院即为启聪学校前身,1917年创办的盲哑教育所即为盲聋学校前身,1975年台湾地区将盲聋教育分立,分别称为启明、启聪学校,有视力或听力障碍的儿童就读于此类学校。1990年对智障、自闭症及多重障碍学生实施的"统合"教育计划、2000年的"身心障碍学生12年就学安置计划"等,则是经历简单区分、机械叠加等阶段后的安置整合阶段。在新修订的"特殊教育法"中提出,特殊教育与相关服务措施的提供及设施的设置,应符合适性化、个别化、社区化、无障碍及融合精神,由此延伸出"零拒绝""并行式教育"等融合教育模式。

【知识拓展】

台湾地区学前融合教育实施的观点与策略①

(一)实施的主要观点

台湾地区实施学前融合教育已有多年,台北教育大学卢明教授在其《台湾幼教机构融合教育理念与经验分享》中介绍了几种主要观点:

1.学前特殊教育师资的培育应是"学前+特殊",而不是"特殊+学前"。原因是特殊教育的学习背景强调行为学,内容相对结构化,而学前教育的学习背景则更强调儿童发展心理学和教育学,内容趋向于人的发展变化,更注重所有儿童的适性化发展。有了学前教育的理论支撑,再学习了解特殊教育及其方法,更便于教师理解身心障碍儿童,为他们提供差异化的教学。

2.融合教育最易产生效果的是在学前教育阶段。这个观点的建立离不开儿童发

―――――――――

① 何凯黎,张慧.台湾地区学前融合教育综述与启示[J].早期教育(教育教学),2018(4):21-23.

展心理学的支撑,这个阶段在儿童发展的多个关键期和敏感期内,对于身心障碍儿童来说显得更为关键,若能在此时期内有效实施个别化、差异化的教育,增进他们与同龄普通儿童交往的机会,将会对身心障碍儿童有诸多的改善。

3.融合教育要实施差异化教学。差异化教学是指调整一般(普通)教育的课程与教学,以引导、激发不同能力学生的学习,并在教与学的过程中提供学生支持策略。台湾地区要求普通幼儿教师每年参加关于差异化教学的培训,有不少于6小时的学习和研修,以保障在学前融合教育实施中采用差异化教学。

4.减少标记的负面效应。实施学前融合教育的意义在于体现社会公平正义,体现人的接纳尊重和多元化,让每个人都感受到自身存在的意义和价值。身心障碍儿童在幼儿园里不会再被视为特殊的群体,他们和普通儿童共同生活、学习和游戏,成为一所园、一个班里的共同成员,使所有孩子都有机会学习接纳、尊重、欣赏与他人之间在个体特质、文化背景、能力和兴趣的差异,懂得相互尊重的重要性。

5.并非所有身心障碍的儿童都适合融合教育。实践经验表明,要注意对身心障碍儿童的评估,强调多元安置,将不同特殊需要的儿童依据个体实际情况安置到不同的机构,如特殊教育学校、社区儿童发展中心(注:特指台湾当地的为特殊需求的儿童提供相关服务的机构)等,因此目前在台湾公立幼儿园接受融合教育的身心障碍儿童,主要是自闭症儿童和轻度智力发展迟缓儿童,其他类型的身心障碍儿童大多在专门的特殊教育学校或机构里接受相应的教育。此外要引起重视的是,融合教育情境中的关系并非完全正向,如教师、家长甚至于班级同伴的认知态度、情感态度等有可能会造成对这些儿童的心理伤害。

(二)课程调整的八大策略

卢明教授提到,对于身心障碍、有特殊需求的儿童来说,他们的学习方式是不同的,将他们的需求纳入课程与教育调整的考量,以使课程活动、教材教法适用于所有参与课程的儿童。课程调整的策略主要有:

1.环境支持。主要是改变物理的、社会的和当下的环境,以增进身心障碍儿童的参与和学习。

2.素材调整。将素材或设备放在最佳位置(如高度)、改变素材尺寸、调整反应方式、将素材放大或使其更加鲜明,让儿童尽可能地独立参与。

3.活动简化。将复杂的活动分为小部分,减少工作步骤,成功地结束活动。

4.儿童喜好的运用。运用儿童喜爱的玩具、喜好的活动和喜欢的人,吸引他们的参与。

5.成人支持。示范、加入儿童的游戏,运用赞美和鼓励支持儿童的参与和学习。

6.同伴支持。充分利用同伴示范、协助、赞美和鼓励,帮助儿童学习重要目标。

7.特殊器材。运用特殊器材以增加其使用的方便性和参与程度。

8.隐性支持。在活动中刻意安排自然发生的事件,引导儿童依序轮流,在课程中依序安排活动。

> 二、中国大陆学前融合教育的发展

随着国际上学前融合教育的发展,特殊幼儿进入普通幼教机构的人数逐渐增加,我国的学前融合教育也在逐步发展,从政府、特殊教育研究者与工作人员到特殊幼儿家长越来越关注学前融合教育的发展。

(一)中国大陆学前融合教育发展的历史背景

1986 年, 中华人民共和国国务院办公厅转发国家教育委员会等部门的文件《关于实施〈义务教育法〉若干问题的意见》中就指出"办学形式要灵活多样,除设特殊教育学校外,还可在普通小学或初中附设特殊教学班。应该把那些虽有残疾,但不妨碍正常学习的儿童吸收到普通中小学上学。"第一次明确提出可正常参与学习活动的残疾儿童都应该进入普通中小学就读学习。

1990 年 12 月,第七届全国人大常委会通过的《中华人民共和国残疾人保障法》第二十二条规定:普通中小学必须招收"能适应其学习生活"的特殊儿童、少年入学;普通幼儿教育机构应当接受"能适应其生活"的特殊幼儿。

1994 年 8 月 23 日,国务院颁布的《残疾人教育条例》第四十一条规定:通过残疾幼儿教育机构、普通幼儿教育机构、残疾幼儿福利机构、残疾幼儿康复机构、普通小学的学前班、特殊学校的学前班以及家庭等开展学前特殊教育。

1995 年,原国家教委(教育部)出台《关于开展残疾儿童少年随班就读工作的试行办法》,我国特殊儿童的教育形式,逐步确立成"随班就读是主体,特殊学校是骨干"的整体格局,随班就读的教育形式得以确立起来,在我国融合教育发展史上具有重要意义。

2001 年 7 月,教育部颁布的《幼儿园教育指导纲要(试行)》中明确指出:"幼儿园教育是为所有在园幼儿的健康成长服务的,要为每一个幼儿,包括有特殊需要的幼儿提供积极的支持和帮助。"普通幼儿园有义务与责任为特殊幼儿提供教育与服务。从以上法律条文相关文件中,我们可以看到,普通幼儿园不仅应当接收能适应其学习与生活的特殊幼儿,而且应采取相应的融合保教措施。

2014 年 1 月 8 日,教育部等七部门颁布了《特殊教育提升计划(2014—2016 年)》,明确指出要"支持普通幼儿园创造条件接收残疾儿童"。党的十九大报告提出要办好

特殊教育,并强调"幼有所育""弱有所扶",将学前教育、残疾儿童的教育放在了前所未有的重要位置。

2017 年 1 月,国务院第 161 次常务会议修订通过的《残疾人教育条例》指出:"招收残疾幼儿的学前教育机构应当根据自身条件配备必要的康复设施、设备和专业康复人员,或者与其他具有康复设施、设备和专业康复人员的特殊教育机构、康复机构合作对残疾幼儿实施康复训练。"

2017 年全国两会期间,八位人大代表、两位政协委员一致提出"关于提升全纳教育的专业能力及建设支持体系的建议"的提案,就这些建议、提案,教育部经商全国人大教科文卫委、中国残疾人联合会回复:建设特殊教育法制、特殊教育教师专业证书制度,提升教师队伍专业能力,促进随班就读支持体系完善,加强督导评估等方面的举措行动;将加强相关法律法规的实施,督促指导各地认真落实《特殊教育教师专业标准(试行)》;继续推动各省(区、市)择优选择师范类院校增设特殊教育专业,进一步扩大特殊教育专业招生规模;继续在"国培计划"中实施特殊教育教师专项培训,为特殊教育学校培训"种子"教师,进一步加强普通学校随班就读、资源指导等特殊教育教师的培训;加大硕士人才培养力度,支持和鼓励国内有条件的高校与国外高水平大学就全纳教育相关学科开展合作办学,引进国外高水平专业资质。

2017 年 7 月,教育部等部门发布了《第二期特殊教育提升计划(2017—2020 年)》,在此计划中提出加大力度发展残疾儿童的学前教育。2022 年 1 月,在国务院发布的《"十四五"特殊教育发展提升行动计划》中,提到要积极发展学前特殊教育,鼓励普通幼儿园接收具有接受普通教育能力的残疾儿童就近入园随班就读,推动特殊教育学校和有条件的儿童福利机构、残疾儿童康复机构普遍增设学前部或附设幼儿园,鼓励设置专门招收残疾儿童的特殊教育幼儿园(班),尽早为残疾儿童提供适宜的保育、教育、康复、干预服务。

2022 年 10 月 16 日,习近平总书记在中国共产党第二十次全国代表大会作报告,明确提出:"坚持以人民为中心发展教育,加快建设高质量教育体系,发展素质教育,促进教育公平""我们深入贯彻以人民为中心的发展思想,在幼有所育、学有所教、劳有所得、病有所医、老有所养、住有所居、弱有所扶上持续用力""促进残疾人事业全面发展"。其中尤其强调"强化学前教育、特殊教育普惠发展""完善残疾人社会保障制度和关爱服务体系"。

北京市学前融合教育的发展始终走在国内前列。1988 年 11 月 25 日,北京市北海幼儿园设立了全市第一个智力障碍幼儿班,并招收智力障碍幼儿 17 名,这是我国最早进行的学前融合教育探索。次年西城区、崇文区、通县区培智中心学校相继开办学前班,主要招收智力障碍幼儿。

1990 年 9 月,北京市聋儿听力语言康复中心成立,招收了两个康复班,并承担全市聋儿早期听力语言康复的业务指导咨询、家长和师资培训等任务。2001 年 9 月,北京市颁布了《北京市学前教育条例》,提出:"北京市要重视并扶持残疾儿童学前教育事业。残疾儿童的学前教育应当从幼儿开始,与康复、训练相结合。"

2004 年,北京市教委颁布了《北京市教育委员会关于在幼儿园中开展残障幼儿随班就读试点工作的通知》,为贯彻《北京市学前教育条例》,落实《北京市特殊教育事业"十五"期间发展规划》关于"城市地区普及残疾幼儿 2~3 年学前教育,农村地区采取多种形式对残疾幼儿进行 1~2 年学前教育"的目标,在继续办好特殊教育幼儿园和特殊教育学前班的基础上,北京市将开展普通幼儿园招收残障幼儿随班就读试点工作。

2004 年,北京市教委指定了北京大学幼教中心等 4 所公立幼儿园作为学前特殊儿童随班就读的试点,每所试点幼儿园在每个班级中都设有专门为特殊儿童提供的"安全角"。同年,为北京市第六幼儿园等 14 所早期干预试点幼儿园配备了玩具、教具和康复设备。

根据《北京市"十一五"时期教育发展规划》的文件精神,从 2006 年开始,北京市 14 所早期干预试点幼儿园的 18 个特殊学前儿童教育资源教室建成,覆盖北京市的每个区县,接纳了智力、语言发育迟缓、弱视力、轻微孤独症、动作发展不协调等不同缺陷的 88 名幼儿进行随班就读。

2007 年 9 月,北京市教委又命名了 14 所幼儿园为北京市第二批"北京市学前儿童特殊教育示范基地",进一步按照"面向全体幼儿、关注个体差异"的教育原则开展特殊学前特殊儿童随班就读试点工作,完成了《北京市学前教育"十一五"规划》中提出的"以幼儿园为依托建立 18 个特殊教育资源训练室和特殊儿童教育示范基地"的任务。

2009 年 12 月,北京市教委又正式挂牌了 19 所幼儿园成为学前儿童特殊教育示范基地。至 2010 年止,北京市教委先后为近 50 所试点幼儿园颁发了"北京市学前儿童特殊教育示范基地"的标牌。到目前为止,北京市共有 37 所学前儿童特殊教育示范基地。示范基地的设置为特殊幼儿和正常幼儿一起学习提供了机会,是北京市迈出发展学前特殊教育的重要一步,也体现了融合教育从基础教育向学前教育的延伸与发展。

随着北京市学前融合教育的产生与发展,国内其他地区学前融合教育相继起步,沿海城市发展较为迅速,内地及贫困地区发展相对缓慢。

【知识拓展】

融合教育的要素

塞勒和斯科瑞迪克列举了融合教育的要素,包括:

第一,所有多种能力的学生在学校中的融合,所就读的学校是如果他们没有障碍将就读的学校。

第二,在学校和教室里反映出多种能力的学生在更大的区域中自然发生的比例。

第三,零拒绝和异质小组。

第四,与年龄和年级相适应的多种能力学生的安置。

第五,学校本位的合作和对教学和资源的管理。

第六,以"有效的学校"风格进行分权的教学模式。

资料来源:引自 Sailor, W., Skrtic, T.M. American Education in the PostmodernEra[M]//L.Paul, D. Evans, H. Rosselli (Eds.). Integra-ting School Restructuring and Special EducationReform (vol.1). Orlando, FL: Brace Coll,1995。

(二) 中国大陆学前融合教育的发展

我国大陆地区学前融合教育虽然起步较晚,但是从学前融合教育的发展态势来看,其发展仍然取得了一定的成就。学校、家庭、社会对于学前融合教育的认识均有所改观,专业的人才队伍在不断发展,家长与学校之间建立起了一定的默契,已经初步建立起一套符合各地实际情况的学前融合教育体系,体现出融合教育中学前特殊儿童同样享有平等的教育权利,是我国教育事业的一大进展。

我国在学前融合教育发展的历程中,借鉴西方发达国家的经验与模式,在探索中求发展,在发展中不断探索前进,经历了"拒绝、歧视—隔离—整合—融合"的发展趋势,形成了入园"随班就读"的融合模式,提出"把有特殊需要的幼儿安置到普通托幼机构中,让他们和正常幼儿一起接受保育和教育"的"融合保教"理念,主张医教结合、教康整合,共同服务学前特殊儿童,从全体幼儿课程内容一体化到根据特殊幼儿的身心发展与年龄特点,政府、幼儿园、康复机构、特殊幼儿家长多方合作参与,制订适合的个别化康复方案与实施计划,推进学前融合教育向前发展。随着学前融合教育的发展,不少学者在前辈的基础上,依据自身的实践,根据场所的开放程度、普通儿童和家庭参与互动程度、特殊儿童与家庭之间的互动和联结建立程度,提出要建立多种融合方式。

虽然学前融合教育发展有所成效,但始终缓慢前行。国家就学前融合教育虽然做出政策规定,但保障力度、权威性和法律效力不够,很多幼儿园或幼教机构依旧拒绝招收学前特殊儿童,幼儿教师缺乏学前融合教育的相关知识与技能,对学前特殊儿童教育康复束手无策,接纳程度比较低。同时,学前融合教育的实施缺乏社会、法律、相关人员以及财政的支持等,实施难度较大,效果不佳。

学前融合教育的发展,依旧任重而道远。

【知识拓展】

学前融合教育与学校融合教育的区别①

学前融合教育是融合教育理念在学前教育领域的延伸,同时,也是学校教育阶段开展融合教育的基础。学前融合教育相较于学校融合教育有以下几个特点。

第一,班额较小,易于照顾到幼儿的特殊教育需要。融合教育需要对特殊幼儿进行个别化的教育、训练乃至医疗康复,小型的班级教育更有精力来实施这些辅助服务。

第二,学前教育老师更易于掌握特殊教育方法。学前教育所强调的很多教学方法都与特殊教育方法类似。例如感官教育、日常生活练习、肌肉练习等,与特殊教育的感觉统合、生活化课程、康复训练类似。

第三,年龄小的幼儿更容易相互接纳。学前的幼儿社会化的程度不高,在道德观念上尚未成型,通过教师的引导更容易接纳与自己不同的幼儿。

第四,没有学业的压力,融合教育更容易开展。学前教育不以考试成绩为主要教育目标,教师在这种情况下更容易实施融合教育,而不必遭受来自学校与家长关于成绩的压力。

【知识拓展】

大中小三类融合课程②

大融合,泛指孩子在普通学校的融合,具体实践为在孩子上学的学期中,派认证的影子老师到幼儿园和小学,帮助特需孩子适应学校。在认证的训练有素的影子老师的帮助下,孩子能更好地参与学校活动,提高行为管理能力、情绪处理能力、语言学习、学业学习等。大融合还可以发生在公园、社区等全开放场所,吸引更广泛的社会人群(尤其是社会有爱心的"大天使",以及他们的孩子"小天使")参与特需儿童的融合教育,如:亲子野餐郊游、公园感统团建、公园人际互动指导等;上海游语近些年开展了多场公园大融合活动,用实践证明"有趣的游戏是融合有效的关键"。游戏融合教育倡导"最自然的支持是同伴支持",游戏是孩子们天然的互动语言,"大融合"坚持用游戏的

---

①　雷江华,刘慧丽.学前融合教育[M].北京:北京大学出版社,2019(10):5-6.
②　朱霖丽,戴玉蓉.融合教育实践指南:家校合作实务[M].上海:上海交通大学出版社,2021.

形式促进特殊需要儿童与普通儿童社交关系的发展，做最自然的同伴支持。

中融合，指为提高儿童独立性、帮助家长退出集体课堂，特许孩子在专业老师的带领下完成的集体小组课。集体小组课通常是由2名专业老师和10名以内学生，共同参与的小组课。游语认为，无论对于轻度、中度还是重度的儿童，社交技能是能够帮助学生未来在社会生存必不可少的重要技能，且应当是融合教育集体课师资最应该掌握的重要教学技能之一。普校的小组课可以由心理老师或其他学科的老师学习国际流行的 SEL（Social Emotion Learning，社交情感类课程），在学校的资源教室/融合教室中授课。"中融合"坚持用训练有素的社交小组课老师，用高效的社交小组课的形式，做融合教室中的同伴支持。

小融合，指的是融合机构中，2个年纪相仿、能力和性格相近的儿童组成的伙伴课程。在专业老师的带领下，最少的同伴支持中，教授特需儿童掌握校园生存必备的社交技能，形成亲密的同伴支持关系，减少或避免严重的社交冲突。每次小融合课后，有半小时的父母课堂时间，老师需要教会家长如何在居家环境中扩充、泛化课堂的学习。"小融合"坚持用训练有素的心智游戏老师，用亲密的伙伴关系支持彼此。

第四章
学前特殊儿童的教育建议与安置

◎ **本章聚焦**

　　1.学前特殊儿童

　　2.学前特殊儿童的安置

◎ **本章结构**

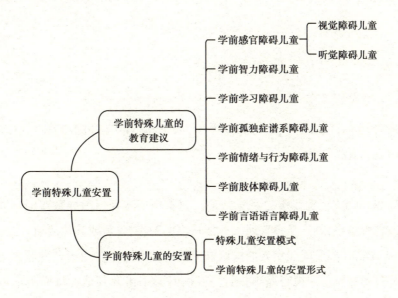

【小案例】

果果①

　　果果,男,4岁半,在学期中途进入到幼儿园,医院诊断为脑瘫,认知良好,但是行动不便,需要使用轮椅,之前没有上过幼儿园。按照正常幼儿年龄分班,此幼儿应该编入中班进行学习。但是我园考虑其从来没有上过幼儿园,需要着重学习生活常规,同时结合我园的实际情况(中班都安排在二楼),果果使用轮椅,上下楼梯不方便。因此综合考虑后,我园把果果安排在一楼的小班,方便出行以及更好地适应幼儿园生活。

---

　　① 本案例由昆明学院附属儿童发展中心曾慧撰写。

【大思考】

1.你觉得幼儿园这样分班合理吗?

2.为了果果能够更好地发展,你还会采取什么措施?

第一节　学前特殊儿童的教育建议

学前融合教育的本义,强调人人具有平等受教育的权利,只要可能,所有幼儿都应该在一起学习,教育应该关注每一个儿童的特殊性,而不仅仅是传统意义上的特殊儿童。学前融合教育理念主张每一个人都有其个别化的教育需要,尤其是特殊儿童。

＞　一、学前感官障碍儿童

(一)视觉障碍儿童

视觉障碍儿童作为特殊儿童的群体之一,由于其生理条件的特殊性,在学习方面相较于其他幼儿有很大差异。

1.定义

视觉障碍,又称"视觉残疾""视觉缺陷",是指由于各种原因导致双眼不同程度的视力损失或视野缩小,难能从事普通人所能从事的工作、学习或其他活动。

在 2006 年第二次全国残疾人抽样调查中提出的定义是:"由于各种原因导致双眼视力低下并且不能矫正或视野缩小,通过各种药物、手术及其他疗法而不能恢复视功能者(或暂时不能通过上述疗法恢复视功能者),以致影响日常生活和社会参与,不能进行一般人所能从事的工作、学习或其他活动。"

视力障碍,包括盲和低视力两类四级。盲有时也泛指视力残疾。视力残疾受年龄、地区、文化程度、医疗保健水平、环境因素、经济状况和性别等因素的影响。其中年龄与视力损害的相关性最强,随着年龄的增加,盲和低视力患病率都在增加。同时在不同时期致残原因有较大差异,例如我国在解放前和解放初期,受限于当时的生活水平和医疗水平,前三位致盲病分别为:沙眼、感染和营养不良性眼病。在 20 世纪 80 年代以后,主要视力致残原因分别为:白内障、青光眼和角膜病等。

表 4-1　视力残疾分级表

视力残疾类别	级别	最佳视力矫正
盲	一级盲	无光感~0.02;或视野半径<5°
	二级盲	0.02~0.05;或视野半径<10°
低视力	一级低视力	0.05~0.1
	二级低视力	0.1~0.3

2.特点

视觉的缺失对视力障碍儿童身心的发展产生巨大的影响。一方面,很多活动不能参与,对儿童身心发展产生很多不利的影响;但是另一方面,视觉的缺失又激发儿童自身的代偿或补偿功能,促使发展出一些常人不具备的能力。

(1)视力障碍儿童身体发育的特点:

①视力障碍儿童的身体形态特点:从目前的研究中得出,视力障碍儿童从身高、体重、肩宽等传统身体形态的诸要素和普通儿童的差异不显著。

②盲相:从以往的数据和调查中可知,视力障碍存在着明显的盲相行为,通常表现为动作不协调、不自然,走路弓腰驼背,容易磕磕绊绊,面部表情不顺畅、不自然等。但这些都不能算是盲人固有的特点,这是因为在儿童早期没有得到良好的教育康复训练导致的结果。如果视力障碍儿童接受了专业的早期教育康复,这些盲相就可以很好地避免。

③身体机能的特点:身体机能主要是指脉搏、血压和肺活量这三个方面,视力障碍儿童和普通儿童比较,差异不明显。

④身体素质特点:根据朴永馨等人的研究显示,在仰卧起坐、屈臂悬垂、立定跳远三个指标上,视力障碍儿童比普通儿童通常要更加差,这可能是因为视力的缺失影响了他们的锻炼。

(2)视力障碍儿童的运动能力:

视力障碍儿童的活动与普通儿童比较有显著的特点。视力障碍儿童大运动活动少,活动空间范围狭窄,活动的方式比较单一等。从而导致视力障碍儿童的动作发展迟缓,运动能力较差,进而影响到身体素质。

（3）视力障碍儿童的认知能力：

视力障碍儿童由于他们的第一性缺陷——视觉损伤的存在，使得他们与第一性缺陷有关的派生缺陷明显，这些派生缺陷也明显地表现在他们的认知能力上。视觉缺陷不明显影响智力，其智力不一定比明眼人低下；但视觉障碍儿童概念形成比较困难；学业成绩通常较明眼儿童差。

①缺少视觉表象：由于失去视觉，视觉经验匮乏，视觉表象难以形成，所以视觉障碍儿童主要以机械记忆为主，且注意时间短、广度小。

②听觉、触摸觉、嗅觉比较灵敏：由于失去视觉，视觉障碍儿童感知客观事物主要凭借听觉和触觉，因此，视觉障碍儿童的听觉在发展中表现得非常灵敏，同时触觉也十分敏锐。例如，常人指尖的两点阈为 1.97mm 左右，而视力障碍儿童的指尖两点阈一般在 1.02 mm 左右。

（4）视力障碍儿童的其他方面特点：

此外，视力障碍儿童在语言方面并没有比普通儿童更好，主要原因可能是因为缺乏表象，会使语言辞藻华丽，空洞无物。在个性上，由于受到行动的限制，一些盲童不乐意和别人交流，甚至形成自卑的心态。视觉障碍本身不影响语言的发展，但其说话时的姿势和体态会有所异样，且使用的词汇缺乏感性基础，缺乏视觉形象，所以不能准确把握视觉词汇的内涵。此外，视觉障碍儿童因无法看到行为的后果，常显得被动、依赖和无助。

3.教育建议

在接收视觉障碍幼儿之前，资源教师以及接收班级应对等待接收的幼儿进行评估和了解，从各方面评估看是否达到入园需求，是否有能力适应幼儿园生活，同时资源教师和班级也应对视觉障碍幼儿的融入做好充分准备。如盲道、班级设施、物品摆放、班级儿童家长、班级儿童等，都需要进行准备和沟通。

在园活动过程中，应发挥家长的重要作用，多和家长进行沟通交流，了解视觉障碍幼儿的生活、学习习惯等，以便在活动中对其进行更好地引导。以儿童为主导，有计划地提供学习技能时所需的物品，有技巧地安排活动，帮助视觉障碍幼儿通过自己感兴趣的活动学习各项技能，并根据视觉障碍幼儿的情况对教学活动进行改编和调整，让他们有机会参与。多对视觉障碍幼儿进行鼓励，引导其探索周边的世界，帮助其独立。家长和教师应为其应提供更多聆听、触碰、嗅闻的机会，鼓励视觉障碍幼儿去探索、去玩耍，如多感官训练、交流训练、定向能力训练、生活技能训练等。

【小案例】

萱萱

　　萱萱,女,三岁时进入幼儿园,是一名盲童宝宝,入园时必须全程由老师陪着抱着,毫无自主做事的想法,吃饭喝水需要喂,随时需要老师牵着手,也不愿表达自己的想法……针对萱萱的情况,老师在室内环境创设上进行了改变,首先,在萱萱的毛巾架、口杯架、床、座位、书包柜等上面做了独特的标志,通过触摸可以感知到;其次,老师利用一切生活活动的机会,如如厕、洗手、吃饭、午睡等,培养萱萱这些方面的自理能力;最后过渡到教室外的环境,通过声音去指导幼儿行走路线,通过数楼梯台阶的方式去上下楼梯……通过一段时间的锻炼,现在的萱萱已经可以自己吃饭上厕所,会跟着收椅子,还能根据老师的提示和标识找到毛巾和口杯。

【大思考】

　　如果你的班上有一个视力障碍的小朋友,你会采取什么措施帮助其融入班级?

　　(1)提高生活自理能力。

　　对于视障幼儿来说,由于视知觉的缺失,自理能力是比较缺失的,也需要教师用更多的耐心和爱心去教育他们。但也要注意,提升视障幼儿生活自理方面的能力,老师不能包办代替,应通过环境的改造和指引,利用一切生活活动的机会,培养他们的能力。

　　(2)促进认知发展。

　　对于视障幼儿来说,因为不具备视觉感知力,他们只能通过语言的描述获得对事物的认知,所以教师的表达必须简洁明了,并辅以触觉标识,例如让盲童宝宝通过自己触摸可以找到自己的口杯和毛巾。其次盲童的记忆、注意与普通幼儿是一样的,他们虽然不能阅览书籍,但他们能够跟读或通过触摸书籍的标识来积累知识,例如萱萱的妈妈为她手工制作了一本图书,她可以通过触摸知道内容并讲述出来。另外,特殊需要幼儿的想象能力相对较弱,很多事物需要通过触摸和他人讲述才能知晓。例如,盲宝在午睡起床后,能够描述发带的形状并通过触摸找到自己的发带。

(二)听觉障碍儿童

　　听障儿童通过早期发现、早期诊断及早期干预,听力损失情况可以得到较好补偿,并在语言、认知等方面获得发展。

1.定义

听觉障碍是指因听分析器病变或损伤,导致听力减退或丧失的状态。尽管世界卫生组织(WHO)1980年对疾病后果所作的分类中对"残疾"和"障碍"提出了不同的解释,但在中国大陆特殊教育界,"听力残疾"与"听觉障碍"常作同义词使用;在特殊教育文献中,"听觉障碍"一词更为常见。根据听觉障碍的发生时间,可分为学语前听觉障碍和学语后听觉障碍或先天性听觉障碍和后天性听觉障碍;根据听力损伤部位,可分为传音性听觉障碍(损伤部位为外耳和中耳)、感音性听觉障碍(损伤部位为耳蜗内以及耳蜗后听神经通路病变)、混合型听觉障碍(损伤部位为外耳、中耳和内耳,同时患有传音性听觉障碍和感音性听觉障碍)。

表4-2　听力残疾分类

听觉障碍级别	平均听力损失
听力残疾一级	≥91 dBHL
听力残疾二级	81~90 dBHL
听力残疾三级	61~80 dBHL
听力残疾四级	41~60 dBHL

2.特点

(1)听觉障碍儿童的身体发育特点:

从目前的研究中得出,听觉障碍儿童在身高、体重、胸围、肺活量等主要指标上和普通儿童的差异不显著。

(2)听觉障碍儿童的感知觉特点:

感知觉是人的最基本的心理活动。其中,听觉是获取信息的最重要的途径之一。听力损伤可使人对事物的认识不完整、不准确,知觉信息加工不完整,这是听觉障碍儿童感知觉的一个特点。另一个特点是,听觉障碍儿童的视觉、触觉、振动觉、嗅觉、味觉等健全感觉,发挥着补偿听觉缺陷的作用。其中,视觉起的作用最大。听觉障碍儿童在学习和日常生活中主要依靠眼睛的观察,越是听力损失重的,越要以目代耳。我们会看到听觉障碍儿童不停地盯着老师和其他同学的口型和面部表情变化,以此将听不清或者听不到的话语看懂。长期的锻炼使他们视知觉能力有很大提高,观察事物比较敏锐细致。

（3）听觉障碍儿童的注意特点：

听觉的缺失使得一般声响刺激不易引起听觉障碍儿童的注意，而来自视觉、触觉、振动觉的刺激容易引起他们的注意。对视觉支持的活动有兴趣，能较好地保持自己的注意力；而听觉支持的活动，听觉障碍儿童则因听不清会很快分神，注意保持不好。再者，由于听觉障碍儿童主要通过视觉观察事物，随着动作发展，注意范围会扩大，只要与视觉有关的都能引起他的注意，但与正常儿童相比，他们的有意注意和无意注意形成和发展都比较缓慢，注意分配上相对也要差一些。

（4）听觉障碍儿童的记忆特点：

听觉障碍儿童感知觉的特点，决定了大脑中留下的视觉、触觉、运动觉表象比听觉表象要多。直观形象的东西记得快，保持得好，也容易回忆出来；对语言材料则不太容易记，再现也不完整。因为语音表象往往是断断续续、模糊不清的。特别是听力损失严重影响人对语言韵律、声调的感受。而语言的韵律、声调美对记忆语言材料有着重要的作用，通过诵读体会语言的韵律和声调美，从而在理解的基础上记忆语言材料，这是视觉识记方式难以替代的。因此，缺乏听觉帮助的听觉障碍儿童在记语言材料时常常感到枯燥无味，机械识记多，意义识记少，想象记忆优于词汇记忆。

（5）听觉障碍儿童的语言特点：

语言是听觉障碍儿童心理发展最主要的缺陷之一。主要表现在这两个方面。

第一，听觉障碍儿童语言的发展严重落后于其生理的发展，与同龄普通幼儿有明显的差距。儿童一般从1岁左右开始学说话，到上学的时候口语已初步形成。而大多数听觉障碍儿童上学时口语还未形成。即使在听力语言康复后，在语言发展方面还是落后于普通儿童。这些听觉障碍儿童口语形成较晚，同时也会影响他们书面语的学习。

第二，语言形成与生活经验之间不同步。听觉障碍儿童每天接触的生活现象并不少，但表达各种生活现象的词语（语言）并没有同时听到、学到，造成他们见到的不少，会说的不多。直观刺激的第一信号与表达直观刺激物的第二信号之间存在严重的脱节现象，这与普通儿童在生活中学习、形成语言有很大的不同。

（6）听觉障碍儿童的思维特点：

听觉障碍儿童的思维发展与普通幼儿是一样的，遵循由具体到抽象，从低级到高级的规律。但是，听力损失带来的感知活动的局限性和语言发展上的滞后性也给听觉障碍儿童思维发展造成一些不良影响。听障儿童思维内容具体，多以形象性的内容作为对象，难以理解和运用抽象词汇及意义不明确的虚词。

【小案例】

旭旭①

旭旭是大班一个戴助听器的孩子,已经上过一年大班,本学期开学时转到我们班级。旭旭性格有点内向,不太爱讲话,语言发展欠缺。在参加集体美术活动《画禁止符号》时,老师给小朋友们讲解了各种禁止符号后,要求小朋友们自己想一想并画出自己想画的禁止符号。

老师发出指令请小朋友们抬椅子到座位坐好,旭旭也跟着小朋友坐好,安静等待老师的下一步指令。老师发出下一个指令:"请小朋友们先想一想自己要画什么样的禁止符号? 再开始画。"这时旭旭开始拿笔画画,我发现旭旭画了个车子。我没有打扰他,一直在旁边观察。过了一会,乐乐看到旭旭画的车子问他"你要画什么?"旭旭不说话。又过了一会,乐乐看到旭旭还在画车,问他"你怎么还在画车? 老师让我们画禁止符号。"旭旭不说话,看着乐乐。这时乐乐跟他说"你要画一个圈把你画的东西圈起来"。这时我走过去跟旭旭说:"旭旭,你要说话,不要害羞害怕。大声地说话,我们才知道你是怎么想的? 需要什么? 我们要和小朋友大声地说话,不是只用手势肢体语言来表达,好不好?"。旭旭听后说"好",然后马上开心地给自己画的车画了个圈圈起来了,开始给车子涂颜色。过了一会,旭旭拉了拉乐乐的衣服,让他看自己的画。乐乐说:"你的圈太小了,要画个大大的圈。"

旭旭听后看了看自己画的画,又看看乐乐的画,把自己的圈画得更大。这时老师发出指令:"画好的小朋友举手,老师看一看你们的画。"旭旭举手,老师说:"旭旭画得很好,但是旭旭忘记了禁止符号是红色的大圈,里面有一条斜线,旭旭,再完善下好不好?"旭旭点点头,没说话。老师说:"旭旭,大声地告诉老师,好不好?"旭旭说"好。"美术活动接近尾声,老师发出指令:"请小朋友们举手说一说自己的画,画的是什么? 你是怎么想的?"班级很多小朋友都举手讲了自己的画,旭旭没有举手。老师主动邀请旭旭给小朋友们讲一讲自己的画。旭旭很小声地讲,老师鼓励旭旭要大声说话,不要害羞,大胆地展示自己,说出自己的想法。由于旭旭说话不太清晰,声音小,老师带着班级小朋友一起鼓励他大胆地说,最后还表扬了旭旭。

【大思考】

1.听觉障碍儿童语言发展有什么特点?

2.如果你是旭旭的老师,你会给予旭旭怎样的教育支持?

---

① 本案例由昆明学院附属儿童发展中心撰写。

3.教育建议

（1）教育补偿与多感官代偿相结合。

代偿是一种生理现象。结构的破坏导致功能失常时,机体通过调整有关器官(包括病变器官本身)的功能、结构以代替和补偿,使机体趋于新的平衡和协调。机体的这种能力通过积极的锻炼可以提高。如盲人失去视觉,经过训练或反复运用,其听觉、触觉可部分代替视觉功能。在这种有特殊性的适应和发展过程中,被损害的机能可以被不同程度地恢复、弥补、改善或替代。对于听觉障碍儿童,这就意味着为适应周围环境和自己受损的听力器官,要用未被损害的视觉、触觉、嗅觉、味觉、运动觉及平衡觉等感知觉的部分或全部功能来代替、弥补已损伤的听觉器官的功能,使听觉损伤对其发展带来的不利影响得到最大限度的克服。

在日常的活动中,教师要注重调动幼儿多种感官的互动,通过触觉、嗅觉、味觉、运动觉及平衡觉等感知觉的部分功能弥补已损伤的听觉器官的功能。比方说在每个季节,引领幼儿走进大自然,充分发挥嗅觉、触觉、味觉的代偿作用,感受大自然。这样既锻炼了幼儿的身体素质,又充分发挥了孩子们的想象力,同时使幼儿的多种感知觉得以锻炼,补偿了他们的听觉缺陷,为他们融入主流社会打下良好的基础。

（2）教康并重,共促语言发展。

师者,传道解惑者也,然而,一线从事语言康复训练的教师不仅仅是单纯的传道解惑者,还需要充当"医生"的角色,很多的听觉障碍儿童之所以不能正确地构音,是因为他们对发音的部位和发音的方式把握不好,更有些是对唇、舌、下颌的运动无法控制,这时需要康复师借助辅助工具,帮助孩子建立正确的构音方式方法,以达到听觉障碍儿童正确构音的目的。

通过佩戴助听器或者植入人工电子耳蜗,可以对听觉障碍儿童的听力进行补偿或重建,然后通过听觉康复、言语矫治促进听觉障碍儿童整体听觉言语功能的恢复与发展,使他们能自然、舒适地发音,并尽可能准确地构音,为学说话奠定基础。听觉障碍儿童教育康复要注意,遵循听觉障碍儿童身心发展的规律,结合每个听觉障碍儿童的自身特点,在语言教育的同时促进听觉障碍儿童的全面发展。

（3）创设真实的情景进行语言教学。

对话是在一定情景下的连贯性语言,脱离了情景,对话也就失去了它的意义。教学中通过创设一定的情景来呈现对话内容,既真实又生动,对幼儿理解和掌握对话也有很大的帮助。例如,为了教听觉障碍儿童认识超市,可以带听觉障碍儿童到真正的超市中实地教学,根据当时的情景,抓住实际场景教听觉障碍儿童学习知识,掌握语言。这种在真人、真事、真景下进行的教学,听觉障碍儿童兴趣高、理解快,很容易掌握知识和语言。另外,真实情景还有一种是随机、自然的生活情境,抓住生活中的每一场景教育,有目的地训练幼儿,效果也是很好的。

总之,我们应根据听觉障碍儿童的实际情况对其实施语言康复训练,为他们创设一个和普通孩子一样的成长环境,营造一种和谐发展、愉快成长的氛围,让他能够与所有的人进行无障碍的语言沟通能力,使之能够较快地回归社会主流。

> ## 二、学前智力障碍儿童

智力障碍儿童在认知、学业、行为上的特征是广泛性的,正是这些心理行为特征使得智力障碍儿童成为单独的一种障碍类别。

(一)定义

智力障碍是指智力显著低于一般人水平,并伴有适应性行为的障碍。

国内关于智力障碍儿童的鉴别,目前一般采用以下三条标准:

(1)智力功能显著低下,在个别施测的标准化智力测验中,其智商(IQ)在70分以下。

(2)有适应性行为方面的缺损或障碍,即在下列十项技能中至少有两项存在缺损或障碍——沟通、生活自理、居家生活、社会技能、适应社区、自我管理、功能性学科技能、工作、休闲生活、健康与安全。

(3)在18岁之前发病。

按照智力障碍的程度可以分为:轻度、中度、重度和极重度四个级别,这四个级别又分别称为四级智力障碍、三级智力障碍、二级智力障碍和一级智力障碍。

表4-3　智力障碍分类

智力障碍级别	程度
轻度	智商70~55分,具有轻度的社会适应障碍,具有基本的生活自理能力,能承担简单的家务劳动。
中度	智商55~40分,同时具有中度社会适应障碍,具有一定程度的生活自理能力。
重度	智商在40~25分,同时具有严重社会适应障碍,常在出生后不久被确诊。
极重度	智商在25分以下,同时存在极为严重的社会适应障碍,基本没有独立的生活能力,常常伴随多重障碍,包括运动障碍、日常生活障碍、言语沟通障碍和心理疾病等。

（二）特点

轻度智力障碍儿童相对于正常儿童来说，没有典型的特点，但是那些比较严重的中度以上智力障碍儿童，则往往有明显的特征。这是因为程度较重的智力障碍儿童往往有明显的大脑的器质性损伤或同时伴有其他损伤，这就导致了智力障碍儿童在生理、行为、认知、情感、意志、语言、性格等各个方面都有着自己的特点。

1.智力障碍儿童的生理特点

智力障碍儿童由于智力的损伤，在身体特征和行为特征方面也有相应的表现，主要有以下几条：

（1）智力障碍儿童的身体形态特征。

智力障碍儿童的身高、体重与一般儿童的差别很小，但就一般情况来看，智力障碍儿童的身高、体重、骨骼形成较差，发展速度较慢，成熟也较晚，相差程度随着缺程度而扩展。大部分的智力障碍儿童的脸型没有特殊性，但是也有极个别的有一些特点，有的很肥大，有的眼睛斜视或对视，如"唐氏综合征"或患有智力落后的侏儒症患者，都有比较特殊的形态。

（2）智力障碍儿童的身体机能特征。

国内外的研究资料表明，智力障碍儿童的身体素质劣于正常儿童，并且智障落后越严重，素质越差。造成这种差异的主要原因是，一是身体器官的损伤导致其身体素质或运动能力的下降；二是客观环境对智力障碍儿童没有足够的重视，给他们造成一种环境剥夺状态，使他们失去锻炼、发展的机会，从而导致身体素质的下降；三是由于智力障碍儿童平时接触的鼓励与一般儿童相比较少，因此动机水平低，未能充分发挥自己的潜能。

2.智力障碍儿童的心理特点

总体上看，智力障碍儿童知觉速度缓慢，知觉范围狭窄，知觉内容笼统而不精确。整个知觉显得较普通儿童明显迟钝。言语方面：言语出现迟，发展缓慢；词汇量小，缺乏连贯性；词义含糊，不能清楚、明确地表达自己的想法，词不达意。思维方面：判断力差，不能完整地认知客体，缺乏概括能力；个性方面：情绪紧张，压抑，消极沮丧或喜笑失度；对人多怀有敌意。缺乏自信心和自制力，做事难以坚持到底。性格极其孤僻。

（1）智力障碍儿童的认知特点。

智力障碍儿童的认识过程和普通儿童的认识过程相比具有不同的特点，具体表现在以下几个方面：

①直接经验为主：儿童认识客观事物的途径有两条，一是获得直接经验的过程；二是获得间接经验的过程。普通儿童认识客观事物更多地依靠间接经验，而智力障碍儿

童则不同,尤其中、重度智力障碍儿童往往经验比较缺乏,没有完整的经验,其经验处在早期的幼稚水平上,加上他们的智力水平低,致使他们难以通过电视、电影、广播等间接经验获取知识,认识事物以直接经验为主。

②学习迁移能力差:智力障碍儿童由于智力低下、抽象概括能力差影响了知识的迁移;由于记忆能力差,不能将原有的知识向新的学习迁移;由于缺乏良好的心理状态,意志薄弱,容易产生疲劳,不能及时复习,不能较好地理解和运用自己学到的知识,从而造成学习的迁移能力差。

③主动探求意志薄弱:与普通儿童相比,智力障碍儿童在感知事物时,往往缺乏知觉积极性,缺乏应有的好奇心,没有仔细观察和深入了解事物的强烈意向或愿望,不能更上一层楼再问个"为什么",只满足于对事物的一般了解。

④批判能力差:缺乏批判性是智力障碍儿童思维活动又一特点。语言发展迟缓,在词汇、语法等的理解与运用上差,在归纳、推理和必要概念化上有困难,限制了他们对抽象材料的学习与解决问题的思考能力,影响到他们的批判能力。

⑤知觉速度缓慢:智力障碍儿童知觉速度缓慢,知觉范围狭窄,知觉内容笼统而不精确。整个知觉显得较普通儿童明显迟钝。

(2)智力障碍儿童的情感与意志特点。

智力障碍儿童在基本的情感活动方面,有与普通儿童一样的需要,但由于智力的缺陷,导致情感有以下特点:

①情绪不稳定,体验不深刻:智力障碍儿童的情绪比较两极化,只有满意和不满意,高兴和伤心等简单和极端的情绪,缺少明显的层次。例如,某个儿童得到老师的奖品很高兴,可是得不到奖品的儿童却哭起来,只是因为自己没有奖品而哭,对为什么没有奖品则不去想也不去体验。

②智力障碍儿童对情绪情感的控制能力差:智力障碍儿童在情感控制方面远不如正常儿童。他们的情绪和情感受生理需要和激情所支配,很难按社会道德、行为规范来调节自己的情感。如经常会不分场合地大哭、大闹、大叫等。经常凭激情行事,情绪、情感的迁移难。在学习上,管不住自己,常常被其他事物所干扰。

③智力障碍儿童意志水平低:智力障碍儿童的动机形成比正常儿童缓慢,意志的最终水平没有普通儿童发展的高,意志品质或意志过程存在着缺陷,其意志特点有以下几条:

主动性不足。智力障碍儿童的依赖性太强,主动性太差,不会主动地支配和管理自己的行为,不会主动地去克服困难完成某项任务。

缺少自制性。智力障碍儿童的行为具有不可遏制的冲动性,对自己的行为缺少自制性,他们可能为了一些我们看来非常小的事情而表现出强烈的情绪。

固执,易受暗示。智力障碍儿童不愿克服困难,无法顽强、努力地去完成有关的任务,但是他们却有时表现出顽强的意志特点,格外的固执,这种固执是和较低的需要层次相联系的,是一种不恰当或病态的表现。

(三)教育建议

由于智力障碍儿童的智力发展存在障碍,其适应性能力受到一定程度的挑战,因而会表现出一些适应不良的情况,这要求教育工作者要根据智力障碍儿童的特点,更多地关注其在幼儿园适应的情况,满足其特殊需要。

1.真实情景教学

研究发现,当幼儿的学习与真实的或类似真实的情境联系时,他们就能够积极有效地建构知识。每一个学习者的学习都建立在自己已有经验的基础上,在特定的情境下以特殊的方式建构的。真实情境教学是将知识与技能的教学与幼儿常规的生活经验相结合。真实情境教学能够吸引儿童的注意,增强他们的记忆,增加成功的可能性。一旦儿童的学习与其生活密切联系。他们便会有更多的学习动机,能够更投入地学习,智力障碍儿童也是如此。真实情境教学需要教师用儿童的视角去观察,"穿上儿童的鞋子走路",鉴别儿童的兴趣,发现存在于儿童日常生活中的课程元素。

(1)评定智力障碍幼儿的长处和需要;

(2)确定功能性优先;

(3)通过有意义的学习经验,完成真实情境教学活动;

(4)采用任务分析法。即分析幼儿学习某项行为所需要的每一个步骤和环节,然后对每一步骤或环节进行单独训练,最后达到对整体行为的掌握。

例如,完成刷牙这个任务,需要进行以下 12 步活动:

第 1 步,走到水池边,取刷牙用具;

第 2 步,拿出牙刷,将杯子接好水并放好杯子;

第 3 步,将牙刷打湿,放在杯口;

第 4 步,打开牙膏盖(将盖放好);

第 5 步,拿起牙刷,在牙刷上挤一点牙膏;

第 6 步,盖好牙膏并放下;

第 7 步,另一只手拿起杯子,漱一漱口,一开始用牙刷刷牙;

第 8 步,取出牙刷,另一只手端杯子漱口;

第 9 步,打开水龙头,清洗杯子和牙刷;

第 10 步,关上水龙头;

第 11 步,将牙刷放入杯子;

第 12 步,将用具放回原处。

2.辅助技术

(1)计算机:提供教学、娱乐、交流等多方面支持。

(2)多感官室:又称感觉刺激室,是一种特别设计来供严重学习困难和严重弱智幼儿进行康复和教育训练的场所。多感官室里装备有许多能提供视、听、触和嗅觉刺激的器材,让儿童在轻松、和谐和没有压力的环境下,体验感觉刺激以及学习探索环境的技能。多感官室室内布置以白色为主,因此也称为"白室""白房子"。多感官训练源于 1987 年的荷兰,多感官室的产生与"史露西伦"概念(源于荷兰)有关,所以也称"史露西伦室"。

图 4-1　多感官训练教室(昆明学院附属幼儿园供图)

3.注意的问题

(1)教师要注意多与智力障碍儿童交流互动,用字及语句尽量简单、直接、清楚;避免说话内容及表达方式不一致;说话速度不宜太快。

(2)要平等对待,必须真诚地关心和尊重;智力障碍儿童的自尊心也很强的,不要让他们觉得和别人不一样;

(3)对于他们的提问或者是教他们学习要有充分的耐心;利用手势及神情去鼓励表达;当他们主动与别人沟通的时候,应立即给予赞赏,增强他们与其他人沟通的自信心;

(4)以一颗平常心去了解和接纳他们;

(5)多给予口头上的鼓励和夸奖,多体谅他们;但不要可怜或作弄他们,因为可怜会剥夺他们的学习机会,作弄会增加他们的挫败感;

（6）不要要求智力障碍儿童做超过他们能力范围的事情，以免制造挫折，使他害怕学习新的事物；

（7）同样的行为，多示范少指挥，给他们可以模仿的对象；多给练习的机会；

（8）相处时要用合乎智力障碍儿童年龄的交往方式；如果他们表现出不适当的态度及行为，应具体地指出并鼓励他们如何作出正面的行为；

（9）教学的时候，内容要尽量与他们生活经验相关；尽量配以动作、图片或实物来协助他们来理解；集中精神聆听，保持和他们目光接触，排除外界环境的干扰。

【小案例】

冬冬①

冬冬，2岁11个月，唐氏综合征幼儿，伴有智力障碍，能听懂指令和日常对话，只是不能用语言表达，对环境熟悉后会用肢体语言表达。

冬冬进入幼儿园的第一天，喝水环节时，老师用冬冬的小口杯给冬冬倒好水，冬冬端起杯子轻轻呡了一口之后，无论老师怎么哄怎么劝，冬冬都不愿意自己喝水甚至拒绝自己端水杯。班级老师用勺子喂冬冬喝水也没有成功。无奈，老师最后告诉冬冬，我们每次只喝三勺水，冬冬勉强喝了三勺水，这样的约定时而有效时而无效。冬冬的第一天幼儿园生活以"12小勺水"告终。老师与冬冬爸爸妈妈沟通联系后得知，冬冬从出生到现在的身体所需水分基本都来源于牛奶和果汁，他在家也不愿意喝水，家长日常会给冬冬提供蜂蜜水，他愿意喝就喝一点，不愿意就不勉强。

解决措施及观察发现如下：

1.同伴教育

（1）解决措施：在幼儿园中，班级老师在喝水的环节会告诉冬冬："水是很重要的，每个人都需要喝水，不喝水我们会感到口渴会生病。"然后请冬冬帮助老师一起给班级小朋友接水，观察小朋友们的喝水环节，听听小朋友们喝水吞咽的声音。最后老师和冬冬一起接水，一起干杯一起喝水。

（2）观察发现：冬冬观察到小朋友们都会自己拿口杯喝水，也愿意自己端着小口杯了。老师起初一两次与冬冬干杯引导他喝水，冬冬能够呡2-3口水，但是后面尝试干杯的办法失效。在干杯的过程中发现冬冬对老师玫红色透明水杯比较感兴趣，有一次趁老师没注意还端起老师的水杯喝了一口水。老师于是思考会不会是冬冬以为有颜色的杯子中装的是果汁，所以比较愿意用老师有颜色的杯子喝水。

---

① 本案例由昆明学院附属经开幼儿园刘渊媛撰写。

2.有颜色的杯子

(1)解决措施:基于第一次的尝试与猜想,老师与冬冬妈妈沟通,请冬冬妈妈从家里带了一个橙色的平时冬冬很喜欢的小水杯来幼儿园,用橙色杯子给冬冬接水喝,冬冬看到杯子之后很激动,一把抢过杯子开始大口喝水,但是喝了一口之后就停止了喝水的动作,只是拿着自己的小水杯,老师引导他:"冬冬,这是妈妈给冬冬拿来的水杯哦,妈妈让老师告诉冬冬要多喝点水。"但是尝试无效。

(2)观察发现:冬冬还是能发现杯子里的是水而不是果汁,冬冬看到自己的小杯子一把抢过表现出其实冬冬很渴只是他不愿意喝水。

3.有味道的水

(1)解决措施:通过之前的尝试,老师发现要求冬冬摒弃出生至今那么长一段时间的补水习惯直接饮用无色无味的水是有些强人所难,所以跟冬冬妈妈沟通,请冬冬妈妈从家里带一些他平时喝的果汁粉来,决定让冬冬在幼儿园先像之前在家一样喝果汁,然后慢慢减少果汁粉的勾兑,直至白水。第一次按照冬冬妈妈的方法用冬冬的小口杯给冬冬调配果汁,冬冬拒绝饮用,换了一个白色纸杯给冬冬调配,引导冬冬观看果汁的颜色,闻果汁的气味,用勺子尝果汁后,冬冬发现是自己喜欢的果汁,端起纸杯大口喝了起来。在这之前我从来没有想象出冬冬大口喝水的样子,甚至怀疑他不会连续吞咽。之后每次喝水前,老师都会在冬冬面前给他调配果汁,并与班级其他老师以及冬冬爸爸妈妈约定,每天减少五分之一勺的果汁粉兑入冬冬的水中,而且每次减少开始于早晨入园的第二次喝水活动,家中同步果汁粉的量。从此之后,冬冬开始喝水了。经过快一个月的调整,冬冬已经能够通过饮用白开水来补充身体所需水分。

(2)观察发现:及时调整了解决措施没有让幼儿园的喝水环节给冬冬留下心理阴影,冬冬开始饮用白开水是一个很大的进步,但是冬冬的饮水时间很长,通过计时发现,大概50毫升的水,其他小朋友的饮用时间大概在1分30秒左右,但是冬冬在老师不断地鼓励和提醒下需要13分钟,饮水时间太长。

4.计时器和猫哆哩

(1)解决措施:与冬冬妈妈沟通后发现冬冬最喜欢的小零食是猫哆哩(云南的一种小零食:酸角糕),请冬冬妈妈带来了10颗猫哆哩,每次喝水前准备好小番茄计时器以及八分之一块猫哆哩,并告诉冬冬:"需要喝快点,小番茄在跟冬冬比赛,小番茄喝完水就会叫,如果冬冬能比小番茄喝水喝得更快,在小番茄叫之前喝完就给冬冬吃一块猫哆哩"。前三次定时10分钟,冬冬在猫哆哩的诱惑以及老师的催促下在番茄闹钟响起之前喝完了水获得了猫哆哩。第四次老师不再催促,冬冬喝水超时没有获得猫哆哩。第五次老师再次催促,冬冬获得了猫哆哩。第六次老师催促,冬冬超时没有在规定时间内喝完水,但是当小番茄闹钟响起的时候,冬冬被吓到了开始大口喝水。之后的喝水环节老师会不定时地催促冬冬,慢慢的冬冬完全理解了老师的要求和喝水的规则。每隔两到三天老师就会将冬冬喝水的时间减少1分钟,每周减少2~2.5分钟。经过一个月的调整,冬冬喝水已经能达到跟其他小朋友一样的速度了,冬冬的喝水习惯已经完全与班级其他幼儿同步。

(2)观察发现:所有的规则都会在一遍又一遍的实践中被理解和适应,当冬冬听到小闹钟响起被吓到的那一刻,说明他已经开始领会规则了。

【大思考】

如果是你遇到了同样的幼儿你还有哪些解决办法?

> 三、学前学习障碍儿童

学习障碍儿童在学习中主要表现为记忆困难、注意力持久性缺陷、情绪焦虑等特点,从而导致学习困难或出现问题行为。

(一)定义

学习障碍儿童又称作"学习不能儿童""学习缺陷儿童",是特殊儿童的一种类型,在理解或运用语言方面的基本心理过程有一种或一种以上障碍的儿童。具体表现为听、说、读、写、拼字、推理和数学计算能力的不完善。通常分为发展性学习障碍儿童和学业性学习障碍儿童两大类。其出现率的估计差异较大,重度学习障碍儿童约为1%~2%,轻度学习障碍儿童约为5%~15%。通过适当的特殊教育和有关服务,他们中的绝大多数能取得明显的进步。一般有三种类型:

(1)发展性学习障碍儿童。某些心理与语言功能的发展水平偏低的儿童,如智商在70~85之间,智力水平落后导致学习表现不佳。

(2)学业性学习障碍儿童。这类儿童在各学科的学习中存在听、写、说、拼写、阅读、计算等学习技能上的困难。

(3)行为与情绪性学习障碍儿童。如存在品行问题、不成熟行为和个性问题而导致的学业成绩落后。

上述各种类型儿童的学习困难受生物、心理与社会环境多种因素的影响。

(二)特点

学习障碍儿童的身体发育与同龄正常儿童基本一致,但在心理发展上存在明显的差别。

1.记忆困难

记忆对人的学习和生活有着重要的作用,记忆困难导致在知识和技能的掌握方面存在困难,影响生活经验的积累。学习障碍儿童有些在记忆的长度、广度、速度、精确度等方面存在着困难,尤其在有意义的加工记忆方面。

2.注意力持久性缺陷

学习障碍儿童注意的稳定性差,不能在一件事情上持续很久,难以建立兴趣爱好,只能维持短暂的兴趣,且兴趣极易转移、消逝。同时在同一单位时间内不能注意到多个对象,不能有效地专注特定的物体和任务。同龄幼儿能够快速进入学习状态,而学习障碍儿童经常不太专心,东张西望、做小动作,往往需要很长时间才能进入学习状态,且维持的时间短。

3.思维刻板

学习障碍儿童在思考问题时缺乏明确的目的性,思维水平较低,在学习掌握各种规律和概念方面存在困难;并且普遍缺乏理解能力和解决问题的能力。

4.情绪焦虑

由于学习、注意力方面的问题,经常面对失败、挫折,导致普遍缺乏自信,产生焦虑情绪。表现出来的行为任性、不遵守纪律,同伴之间关系较差,与同伴经常发生矛盾,意志薄弱,不能坚持完成一件事情,特别是有一定难度的事情。

(三)教育建议

由于学习障碍儿童具有不同于同龄正常幼儿身心发展的特殊性,所以在学习活动中,除遵循因材施教、直观性、循序渐进等原则外,还应注意以下原则。

1.发展性原则

无论存在哪些缺陷,学习障碍儿童的身心发展规律在大的方面和同龄正常幼儿基本上是一致的,随着年龄的增长,其认知、情感、意志等方面也遵循一般的发展规律。在学习活动中,教师要主动为他们提供全面发展的机会,恰当筛选和处理教学内容,以培养幼儿适应生活、适应社会的能力作为教学的出发点和归宿。在设计教学时要把握好"知道""会"与"能"等程度的差异,使他们能听懂、学会,获得成功的体验,产生学习的动力和需要。

2.激励性原则

活动过程中应激发和保护学习障碍儿童的学习兴趣,强化其学习动机,为他们创造各种机会,以生活情境为媒介,以知识为内容,以解决问题为主线,由浅入深地开展教学。实践活动要使幼儿学以致用,学会运用各种方式去观察事物,解决日常生活中的实际问题。趣味性是激发幼儿学习兴趣的一个重要方面,通过真实的问题情境,将观察、比较、操作等学习方式融入活动,满足幼儿好玩、好动的天性,使其主动参与学习活动。

3.个别化原则

在学前融合教育的集中教学中,统一的教学内容、统一的教学方法不适用于学习障碍儿童的实际情况。教师要考虑个别差异,针对幼儿的特点和需求制订切合实际的个性化计划,并采取适宜的策略和方法帮助学习障碍儿童克服困难,与班级幼儿共同进步。

4.扬优补缺原则

教育不仅要教给幼儿知识,还要注重发展幼儿的身心机能,将潜能开发与缺陷补偿相结合。学习障碍儿童的身心缺陷是客观存在的,但他们在某些方面也存在一定的优势,教师要将他们的优势作为教学的着眼点,扶植优势和特长,这样才能增强他们学习的信心和勇气。

> **四、学前孤独症谱系障碍儿童**

由于缺乏相应的精神科医师和社会的不够重视,以往孤独症的问题被低估。孤独症一般出现在 0~14 岁左右,最主要发生于 3 岁左右,主要的表现是智力发育低下、言语发育迟缓、兴趣狭窄、行为刻板,缺乏社交能力、沟通能力等。作为一种精神发育障碍,孤独症会影响患者的智力,以及兴趣和言语能力。

(一)定义

孤独症又称"自闭症",是一种发生于 3 岁前儿童的较严重的发育性障碍。最早发现的孤独症儿童可以追溯到 1938 年,美国的一位精神科医生观察到一个 5 岁男孩的一系列奇怪的症状。之后人们开始了对孤独症的关注和研究。

孤独症首先由美国精神病学医生利奥·凯纳于 1943 年提出。其发生与社会环境没有关系。主要临床表现有:

(1)社交困难。患儿特别孤独,缺乏与他人的情感交流和对父母的依恋,对外界刺激无动于衷。

(2)言语发育迟缓。社会交往中很少使用言语,即使使用也多为模仿言语、刻板言语,有的代词颠倒、言语奇特、言语的可懂性差。

(3)刻板或仪式性行为。强迫坚持行为的同一格式,若改变则产生强烈的焦虑反应。病因尚无定论,可能与器质性因素及家庭环境、双亲人格有关。治疗有药物治疗、行为治疗、游戏治疗等。早期教育很重要。预后个别差异较大。

我国把孤独症归为精神残疾,常用的诊断标准是《中国精神障碍分类与诊断标准

（第三版）》，界定为"一种广泛性发育障碍的亚型"，患病多为男孩。他们可能会感知觉异常，表现为痛觉迟钝、对某些声音或物品特别恐惧或喜欢；有的还伴随挑食、营养偏差、消化不良等。

（二）特点

孤独症儿童从外观和身体发育很难看出和普通儿童能力的差异，但是，作为一种广泛性发育障碍，其在认知、情绪、行为等方面都有比较明显的特点。

1.语言和交流障碍

在相关研究报告中，大约有一半的孤独症儿童不具备实用性语言。他们中有一部分人不会说话，有语言的儿童讲话的大部分内容是模仿言语——逐字重复他身边的人说的话，不具备与人交流沟通的能力。他们中大部分在语言沟通方面明显表现出落后。有些孤独症儿童获得了许多的词汇，但不会恰当地使用，他们只理解词语的字面含义。孤独症儿童的音质、音量、音调与正常儿童有时也不同。有时会出现明显的语法错误，有时会发出怪异的声调，有时说话像唱歌，有时没有声调，像机器人一样。

2.智力

孤独症谱系障碍儿童智商水平分布很广。孤独症儿童可能具有天才的智力，也有可能伴随有极重度的智力残疾。但是孤独症儿童通常智力偏低。他们的智力发展具有不均衡性，可能某些方面展现出异于常人的天赋。例如，一个儿童可能绘画很好，或者可以在数学方面非常擅长，但是没有功能性语言，也不会与别人有眼神的交流。他们中的一些人可能会在机械记忆、艺术、空间知觉、操作等方面表现出超凡的能力。

3.情绪表现

大部分的孤独症儿童在表达情绪、感知他人情绪、形成依恋关系方面都存在很大的困难。孩子对父母的举动缺乏兴趣，也不会主动、不愿意和父母亲近。对新奇的事物也缺乏兴趣。孤独症儿童还普遍缺乏共同关注。

4.行为特征

大多数孤独症儿童会表现出刻板而重复的行为，如一直重复听一首歌，注视旋转的物体，抚摸同一样东西等等。许多儿童表现出强迫性地对于一致性的需要。当家里或者教室物品摆放的位置变化时，幼儿要求必须把物品放回原位，否则可能会引起强烈的情绪反应。一部分孤独症儿童还会表现出自我刺激的行为。例如拍打头部，不停地用手刺激喉咙，摆手等自我刺激。还会表现出行为问题，他们会攻击自己或者别人。

（三）教育建议

孤独症儿童往往学习动机薄弱且缺乏主动性，注意力很难集中且易分散，理解能力、意义识记能力、知识和技能迁移能力较弱。因此,在学前融合教育中,教师要准确定位教学目标,选择并合理使用适当且多样的教学方法,给幼儿创设安全、温馨的学前融合环境,及时寻找和创造与幼儿互动的机会,从而提高其能力。

1.刻板行为的转移

孤独症幼儿大多存在着刻板行为和兴趣狭隘的现象,刻板行为包括动作、思维、语言、规则等。如:撕纸、摇摆身体或椅子、咬手指、固执重复等反复无意义的行为,或者对某些玩具有异常的玩法、兴趣和固定行为模式。当刻板行为出现时,我们可以这样做:

(1)及时制止,转移注意力。如峻峻持续性地抠手指,可以拿他喜欢的书《佩奇和乔治》给他看;潇潇反复撕卫生纸,可以用塑料条或积木替换手中的卫生纸,或者将卫生纸放在他取不到的地方。

(2)长期干预,将刻板行为转移发展为职业特长。如钰钰只要看到数字,都要把数字从 1 排列到 10,教师可以创设"超市"的虚拟环境,鼓励钰钰作为服务员对货物(上面标数字)按顺序放置在架子上,再进入超市实际操作,这可以帮助他未来到超市工作(码货)建立一项技能。

2.遵从简单指令渐进到较复杂指令的训练

简单指令干净利落,复杂指令说清楚、讲明白。老师发指令时,可以先从简单指令开始,用"逐步增加句长法"发出复杂指令。简单指令可分解成小块,如老师发出"峻峻去喝水",可以分解峻峻拿口杯——接水——喝水的动作,说话要缓慢。当简单的生活指令能准确掌握时,可同时发出 2 个或 3 个指令,如"萱萱,请你把桌上的苹果放在篮子里面的盒子里",这不仅让孩子有事可做,还训练了孩子的记忆力和理解力。

3.一日生活结构化,多用视觉提示

老师可将幼儿的一日生活各个环节拍照,尽可能用该孩子的照片并固定在墙上。每到一个环节时老师用照片给予视觉提示,要求孤独症幼儿完成。如喝完牛奶,马上要进行户外活动,其他孩子都在门口排队,只有旭旭还在卫生间门口呆呆站着,配班老师可以拿着旭旭排队时的照片,以提示旭旭现在要去排队。

4.营造障碍环境,给予幼儿主动表达和思考的机会

例如翔翔平时不愿主动与老师同伴说话,但他很喜欢画画。老师们将粉笔放到了书柜上方,按照翔翔的身高,他够不到粉笔。为了拿到粉笔,翔翔要么自己想办法——抬椅子垫高去拿,要么寻求老师或同伴的帮助,主动表达"请你帮帮我","你能帮我拿到一支粉笔吗?"

5."影子同伴"和"影子老师"的及时帮助

对于理解能力困难的孤独症幼儿,"影子同伴"和"影子老师"的出现非常重要。如早上点名时,点到佳佳的名字,佳佳无动于衷,"影子同伴"和"影子老师"可以在佳佳的背后小声说"到",入园时当老师主动打招呼"佳佳,早上好","影子同伴"和"影子老师"可以在身后小声提示"王老师,早上好"。

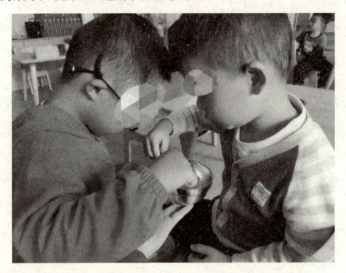

图 4-2　同伴支持图片(昆明学院附属幼儿园供图)

6.班级教师教育目的和教育意见的统一性和坚持性

对于孤独症幼儿的康复教育,需要班级老师目的、意见一致,齐心协力。如用餐时,林林吃完一碗,想盛第二碗时,要求林林主动表达"请老师盛饭",只有当林林说了,老师才给孩子盛饭。班级三位老师必须统一要求,无论哪位老师在,都要求林林进行表达。

> **五、学前情绪与行为障碍儿童**

每个人都有情绪,难免会情绪过激或者情绪低落,但是会通过自我调节和释放,持续的时间不会太长。但是情绪与行为障碍儿童却不是如此,常常会莫名地、无法预测地发生情绪,且持续的时间很长。

(一)定义

儿童期情绪障碍是特指发生于儿童少年时期,以焦虑、恐惧、强迫、抑郁以及转换症状为主要临床表现的一组疾病,是十分常见的儿童心理卫生问题,其患病率非常高。尽管表现多种多样,但其共同特点是发病于儿童时期,主要与个体素质因素和心理应激(如某些精神刺激)或家庭教育不当等有关。2001 年中国精神疾病诊断标准第三版

（CCMD-3）中，将情绪行为障碍分类为多动障碍、品行障碍、品行与情绪混合障碍、特发于童年的情绪行为障碍、儿童社会功能障碍、抽动障碍、其他童年和少年期行为障碍以及其他或待分类的童年和少年精神障碍等八类。

一般来说，情绪和行为是相互依存的，情绪是行为的内因，行为是情绪的外在反映。但在有些情况下，尤其是年幼的儿童，情绪可以在没有认知活动直接参与的情况下立即产生行为反应。例如，当儿童想要得到某一物品而未得到满足时，他们往往会不假思索地立即表现出不满的情绪反应，甚至吵闹、哭泣。另外，儿童的情绪也极不稳定，可以很快地从一种情绪状态转换到另一种状态。例如，若是在儿童吵闹或哭泣时，满足其要求，并给予适当的安抚，儿童往往会破涕为笑，不满情绪也很快随之消散。

尽管目前国内外对于情绪行为障碍的定义尚未有一个严格而统一的界定。但要对情绪行为进行评估与干预，首先要对正常和异常的情绪行为进行区分，有以下四项区分原则可供参考：①儿童的情绪行为表现是否与其年龄相适应；②儿童的情绪行为表现是否与其生活的社会文化背景相适应；③儿童的情绪行为表现是否与其所处环境相适应；④儿童情绪行为表现的各项指标是否在统计学的正常范围内。

（二）特点

尽管情绪与行为障碍的儿童表现的类型不同，也有轻度、中度、重度之分，但是他们还有具有一些共同的心理特征。

1.认知不协调

认知不协调是情绪与行为障碍儿童最为重要的心理特征。它主要包括以下三方面的内容：认知内容与认知过程的不协调；认知成分与认知方式的不协调；认知、情感、意志之间的不协调。

（1）认知内容与认知过程的不协调。

这种不协调主要是由于思维的认知偏差造成。情绪与行为障碍的儿童在认知活动中对问题的理解，思维所占比重较小，记忆力不能为思维分析提供足够的信息，导致思维缺失。他们情绪不稳定，又缺乏综合分析问题的能力，容易凭感觉对问题做出判断和处理。因此一部分儿童会出现无法控制自己的情绪、大哭大闹、破坏纪律，甚至是攻击性行为。

（2）认知、情感、意志之间的不协调。

这种不协调是心理结构与人格特征的不协调，也是认知、情感、意志这三种心理行为之间的不协调。主要有两种表现形式：一是认知不能对情绪和行为进行控制；二是情绪和行为会影响认知的选择。这三者的不协调能够直接导致人格障碍。

2.负向情感体验强烈,易产生挫败感

挫败感是由于想要获得成功的体验但是失败了所产生的。情绪和行为障碍儿童在活动中遇到困难和干扰时,不能正确地调整情绪和认知,需要得不到满足,就会产生强烈的挫败感,形成"需要——挫折、行动——挫折、目标——挫折"的恶性循环,增强的挫折感会助长儿童的攻击行为。

3.强烈的自我中心

大多数的情绪和行为障碍儿童常以自我为中心,遇到事情只考虑自己的喜好与兴趣,难以与他人交流沟通。他们自我中心倾向严重、自我控制能力较弱、自我认识能力也较差。

(三)教育建议

情绪行为干预是对情绪与行为障碍儿童或伴随情绪与行为问题的残疾儿童,采取情绪调节、行为干预和早期语言沟通等方法和手段,以达到帮助其减少负面情绪、改变不良行为、与他人和谐共处、能正常学习和生活目的的一个过程。

1.心理治疗模式

对于一些情绪和行为障碍的儿童来说,采用认知疗法效果较好,即通过对认知过程的介入,帮助幼儿消除不合理错误认知,建立正确的观念,实现对情绪和行为的调控和控制。还可以通过宣泄疗法来让幼儿宣泄自己的不良情绪,减轻情绪对儿童的控制。例如,有些幼儿没有得到自己想要的物品就会哭闹,怎么劝说都没用,这时让他适当地哭一哭,宣泄一下情绪,可能过一会儿孩子的情绪自己就会好起来。

此外,可以运用心理动机疗法来帮助情绪与行为障碍的儿童。通过深入地了解儿童的需要、动机、期望,引导幼儿使用正确的方法来代替不良的情绪反应,保持积极正向的心理情绪。

2.行为矫正

行为矫正是通过正强化和负强化来纠正幼儿的不良行为,建立良好的新的行为模式的方法。行为矫正的方法有很多,但都以正强化为主,负强化为辅。重塑自我、榜样学习、行为设计、系统脱敏都属于行为矫正技术,都有良好的效果。行为矫正的方法把行为分成若干个简单的行为,由简单到复杂,按照一定程序进行矫正。

3.改变环境

通过社会生态环境改变,改变幼儿生活、学习环境,如家庭情况、学校、班级、周围环境的改变,最终影响幼儿的情绪和行为模式的改变。

【小案例】

托马斯火车①

俊俊,5岁半,幼儿园大班就读,情绪与行为障碍儿童。国庆长假后,俊俊情绪和行为问题更加反常,经常活动时突然趴在地上,教师把俊俊拉起来,俊俊就尖叫、哭闹。教师尝试了各种方法都没有解决这个问题。巡回指导老师在观察之后,跟家长联系沟通得知,国庆期间,家长给俊俊买了一个托马斯火车,在假期一直趴在地上玩。于是老师让家长把托马斯火车带到幼儿园,教师带领俊俊一起在桌面上玩,慢慢就没有出现类似的行为。

【大思考】

如果你是俊俊的老师,你会采用什么方法?

> ## 六、学前肢体障碍儿童

一些幼儿由于肢体及器官受先天遗传因素的影响或受到损伤,导致肢体不能正常活动且给生活带来不便。

(一)定义

肢体障碍又称肢体残疾,是指人体运动系统的结构、功能损伤造成的四肢残缺或四肢、躯干麻痹(瘫痪)、畸形等导致人体运动功能不同程度丧失以及活动受限或参与局限。主要包括:①上肢或下肢因伤、病或发育异常所致的缺失、畸形或功能障碍;②脊柱因伤、病或发育异常所致的畸形或功能障碍;③中枢、周围神经因伤、病或发育异常造成躯干或四肢的功能障碍。

(二)特点

1.生理特点

肢体障碍的幼儿通常会有肢体以及运动神经方面的问题,在外形上或运动上常常会伴有以下问题。

(1)运动功能障碍。

肢体障碍的幼儿因为肢体残缺、功能发育不齐全或肢体受损伤导致肢体的运动功能受到限制,使运动功能丧失或者是远远低于同龄幼儿的运动水平。这类幼儿容易产

---

① 本案例由昆明学院附属经开幼儿园曾慧撰写。

生运动自我控制能力差,障碍程度轻的只是手、脚动作稍显得不灵活或笨拙,严重的则双手不会抓东西,双脚不会行走,有的甚至不会翻身,不会坐起,不会站立,不会正常地咀嚼和吞咽等。

(2)生长发育障碍。

肢体障碍幼儿长期受神经系统及运动系统障碍的影响,一部分肢体障碍幼儿的生长发育可以基本接近正常,但大多数肢体障碍幼儿的生长发育都比较容易出现障碍,例如会比同年龄的正常孩子个子长得矮小,生长发育显得落后。

2.心理特点

肢体障碍的幼儿在肢体和动作方面有别于普通的幼儿,心理上也会存在一些问题,但也有少部分的幼儿与普通的幼儿心理发展接近。

(1)智力发展障碍。

部分的肢体障碍幼儿可能会由于大脑损伤或是其他的器官损伤,导致孩子在肢体障碍的同时伴随智力发展障碍的情况。

(2)语言障碍。

部分肢体障碍的幼儿伴有不同程度的言语障碍,有的表现为口头语言表达困难,有的表现为书面语言表达困难。

(3)情绪障碍。

肢体障碍的幼儿由于长期依赖他人的帮助,父母耐心的陪伴与照顾,容易让孩子产生"全部以我为中心"的心理,从而诱发很多的情绪问题。而另一种情况是,由于孩子存在这样的问题,父母会忽视或者照顾倦怠的情况,造成孩子极不信任的情况,从而诱发情绪问题。

(三)教育建议

肢体障碍幼儿由于生理上明显有别于普通儿童,行动很不方便,也可能产生不同程度的心理障碍。比较严重的肢体障碍儿童多缺乏生活自理能力,饮食、排泄与起居都需要家长帮助,因此很容易产生一种自卑心理和依赖感。大多数肢体障碍儿童从小就屡遭挫折,有时还会受到冷眼、欺凌、取笑或不合时宜的同情,这些都会增加他们的挫折感,所以这样的幼儿需要家庭的接纳、社会的接纳。

肢体障碍的幼儿有些是一出生就伴有残疾,或者是中途查出有残疾,导致孩子的行动不便,这往往使一个家庭遭受巨大的打击,家长接受不了自己的孩子是肢体障碍类型的孩子,拒绝承认、拒绝帮助孩子走上正常的生活轨道,所以说肢体障碍幼儿融合教育需要的首要保证就是家庭接纳。当这类孩子在家庭得到接纳,孩子就有了接受康复和教育的保障,孩子才有可能回归正常的生活轨道。

1.培养肢障幼儿的基本规则意识,促使其养成良好的行为习惯

在幼儿园的一日生活中,规则是保证所有幼儿安全的一个重要手段。肢体障碍幼儿特别需要培养规则意识,这能保证他们自身的安全与整个班集体的安全有序,也能让他们养成好的行为习惯。例如:只有运动缺陷的肢体障碍幼儿会在语言方面发展较好,会有"话多"的习惯,这类幼儿要特别要教会他们"安静倾听"。

2.提供同伴支持,培养幼儿参与运动的兴趣

兴趣是最好的老师,也是最好的动力,肢体障碍幼儿在运动方面有很大的缺陷,导致他们运动不便,长时间地坐着或者睡着,让他们慢慢失去运动的兴趣。每次走路或者移动都需要比普通的孩子付出更多,这会让肢体障碍幼儿产生挫败感,久而久之就失去运动的兴趣,甚至害怕运动,教师要做的就是要激发肢体障碍幼儿的兴趣。而同伴的帮助与支持,会让肢体障碍幼儿感受同伴的关爱,体会与同伴一同游戏的乐趣,喜欢参加运动活动。

3.协助幼儿在自己最大能力范围内完成生活活动,培养生活自理能力

由于肢体障碍幼儿在运动方面不便,所以导致很多生活活动都需要成人的协助才能完成,但是如果成人协助过多,便会导致肢体障碍幼儿不愿意自己完成生活活动,总是依赖成人的代办或者包办。在幼儿园的全融合教育中,要给幼儿充分的时间,让幼儿在最大的能力范围内自己完成生活活动,例如:穿脱衣服,整理衣服、穿脱鞋子、喝水等。

4.提供和利用环境支持,帮助肢体障碍幼儿做大动作训练

给肢体障碍幼儿提供适宜的运动环境,可以让其在能力范围内尝试向前或者向后移动,有辅助物可以支持行走的肢体障碍幼儿,可以提供环境让其行走,可以尝试让这样的幼儿上下楼梯,慢慢训练,达到可以在同伴或老师的帮助下上下楼梯。

5.给肢体障碍幼儿制订针对性的精细动作训练计划,充分利用游戏、生活中的机会训练手部精细动作

大部分肢体障碍幼儿,由于手部精细动作不好,所以在家吃饭,穿衣服等都是家长包办,导致精细动作水平越来越低。来到幼儿园后,教师可以在一日生活中,充分锻炼幼儿的手部精细动作。例如,可以让幼儿自己用勺或筷子吃饭,教师不要辅助,只用言语提醒幼儿用正确的姿势,不因为孩子慢或者吃得不好就帮助他,喂他吃饭。也可以设计一些游戏锻炼幼儿的手部精细动作,如夹珠子、串珠子、一页一页地翻书等等。

对于伴随其他发育迟缓,导致智力障碍或语言障碍的肢体障碍幼儿,可参见智力障碍及语言障碍幼儿融合教育支持与指导策略方面的内容实施教育。

【小案例】

卡卡

卡卡,5 岁,早产 2 个月,出生时就发现下肢骨骼与肌肉发育不良,智力发展正常,一直在康复机构做康复训练,从来没有进入过集体生活。3 岁时入园,老师发现,孩子没有基本的规则意识,生活自理能力较差,缺乏运动能力,不能自己走路,需要扶着助行器或者其他支撑物。手部肌肉发展不好,导致手部精细动作发展迟缓。进入班级后,教师根据他的身体发育特征及能力特点进行了各方面的训练。

1.生活自理能力训练

刚入园的时候,不会自己吃饭,不会穿脱衣服,也不愿意自己去上厕所,喜欢叫老师或者同伴帮助他。教师针对卡卡的情况,在跟他的个训老师与家长沟通后,给他做出了要求:

同伴帮他抬饭,但是他必须自己用勺子把饭吃完;

自己求助同伴,请求帮他接水,自己将水喝完,并请同伴放回杯子;

自己穿脱衣服、鞋袜并整理整齐;

老师搀扶他进入厕所帮他脱裤子,让他自己站着上厕所;如厕后搀扶他到洗手池,自己洗手。

2.运动训练

将活动室到厕所的这段空间摆放上柜子或者椅子,让卡卡可以尝试自己扶着到达厕所,这样的训练每周进行 1-2 次。

在户外活动准备出去时,让卡卡自己推着助行器到达活动地点,每天 1 次。

上下楼梯时,让卡卡自己扶着扶手尝试上楼梯,每周 1 次。

在安全的情况下,让卡卡尝试玩所有的户外玩具。

3.同伴支持

在班级里为卡卡找到几个得力帮手,专门帮他端饭、接水等等。

规则意识培养与习惯养成,要求卡卡每次在得到帮助后,学会说"谢谢",在集体活动的时候学会先倾听,再表达。

> 七、学前言语语言障碍儿童

言语和语言是两个既相互关联又存在区别的概念,语言与言语是最常用、最便利的沟通工具。

(一)定义

言语语言障碍又称"言语残疾",是指各种原因导致的不同程度的言语障碍,经治疗一年以上不愈或病程超过两年,而不能或难以进行正常的言语交流活动,以致影响其日常生活和社会参与。包括:失语、运动性构音障碍、器质性构音障碍、发声障碍、儿童言语发育迟滞、听力障碍所致的言语障碍、口吃等。3岁以下不进行言语残疾认定。

(二)特点

言语语言障碍儿童主要有以下特点:

1.构音障碍

因构音器官的原因,在发音过程中出现"替代""歪曲""省略""添加"的表现,从而影响了言语的可懂性,进而导致沟通交流的难以进行。

2.嗓音障碍

言语语言障碍儿童可能在声音基本特性上表现异常,例如:音调异常、音质异常、响度异常。

3.语流异常

语流异常是语言节律障碍中最常见的现象,也是我们日常生活中所说的口吃。

4.心理问题

言语语言障碍儿童由于障碍问题,不易充分发挥自己的学习潜力,比普通儿童有更多的过于羞怯,拘束和孤僻等个性问题,往往十分自卑,不够自信。

(三)教育建议

言语与语言障碍的产生原因大致可以分为器质性原因和功能性原因两大类。器质性原因是指身体某个器官、部位的损伤、畸形或病变;功能性原因则通常不表现出特定的身体缺陷,主要由环境造成。不同的原因造成,采用不同的方式进行干预,言语语言障碍的干预需要由专业人员提供,如言语-语言病理学家、言语治疗师。干预的方式通常为"一对一"干预,即每次由一名言语治疗师对一名言语语言障碍幼儿。

1.言语障碍训练

言语障碍多为器质性原因,始于运动性构音障碍的训练,训练与发声有关的呼吸器官、喉头、口腔、下颌、舌头、口唇等,主要有以下的训练方法:呼吸功能训练、口唇与下颌的运动训练、舌头的运动训练、构音训练等。

2.语言障碍训练

语言障碍则不是器质性原因,训练需根据幼儿的现有情况制订具体的康复计划和训练方法,主要采用手势符号训练、文字训练和交流训练等。

3.辅助沟通系统

言语语言障碍儿童由于其自身功能上的缺陷,在沟通上存在障碍,也可利用辅助技术,例如图片交换系统或点读笔等,帮助言语语言障碍儿童完成沟通。

第二节　学前特殊儿童的安置

在对学前特殊儿童进行筛查和鉴定后,需要根据他们的身心特点、实际条件,给予及时、有效的安置,这对促进特殊儿童发展具有重要意义。

＞　一、特殊儿童安置模式

特殊儿童安置需根据其障碍类型和程度及其学习的特殊性,以及他们的现有能力和各类学校或机构的现实情况,将学生安置在最适当的学校或其他合适的教育、康复环境中接受教育,更好地促进特殊儿童的发展和成长。

发现疑似学前特殊儿童后,应由专门机构采用科学、客观的方法对其进行检查、测验,鉴定其障碍类别、障碍程度及障碍原因。鉴定的目的在于能够准确把握特殊儿童的现有情况,便于进行有效的安置,拟订符合特殊儿童需求的个别化教育计划,提供有针对性的支持性服务。依据筛查、鉴定的结果,将学前特殊儿童安置在最适合的场所,且根据学前特殊儿童的具体需求,整合资源为其提供符合其身心发展需求的相关服务。

特殊儿童安置模式关系到特殊儿童应该在何种环境中接受教育的问题。现代意义上的特殊教育最初是以建立分门别类的特殊教育机构为起点的。法国人莱佩、阿于依、谢根分别开创了现代意义上的机构化、正规化的听力语言残疾教育、视力残疾教育和智力落后教育事业。但是,为不同类别的特殊儿童分门别类地建立特殊教育机构,也会带来一些负面影响。所以,一些人提出了以普通教育机构安置特殊儿童的"正常化"原则。

根据特殊儿童的残疾程度和需要,为他们提供从最少受限制的安置环境(普通教室)到最多受限制的安置环境(医院或者机构)。瀑布式特殊教育服务体系就应运而生。具备瀑布般的特点,既有分级,又贯通连续。常用倒三角形表示,故俗称"倒三角形体系",20世纪70年代由美国人迪诺提出。以特殊儿童为服务对象,提供满足他们不同程度需求的各级各类公立学校教育。

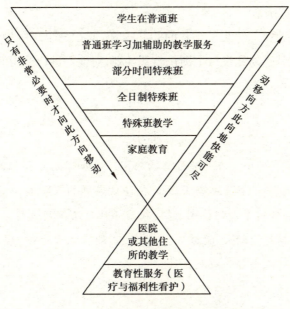

图 4-3　瀑布式特殊教育服务体系

> ## 二、学前特殊儿童的安置形式

学前特殊儿童的安置也符合瀑布式特殊教育服务体系,大致安置在三种不同的环境:普通学前教育机构(幼儿园)、特殊教育机构、医院或者家庭。

(一)普通幼儿园

早在 1994 年我国就颁布了《残疾人教育条例》。2014 年国务院办公厅颁布的《特殊教育提升计划(2014—2016 年)》、2017 年颁布的《第二期特殊教育提升计划(2017—2020 年)》、2022 年颁布的《"十四五"特殊教育发展提升行动计划》,均提出全面推进融合教育,在学前教育阶段扩充残疾幼儿学前教育规模,除普通幼儿园积极招收残疾幼儿外,还鼓励特殊教育学校增设学前班或附属幼儿园,资助家庭经济困难的残疾幼儿接受学前教育。当前,对特殊儿童开展学前教育的教育机构主要有三种安置特殊幼儿的方式,分别如下:

1.定期活动的安置形态

这种方式主要指的是定期地在一所幼儿园中,对正常的幼儿与少数特殊幼儿组成的小组组织开展活动。

2.特殊班的安置形态

这种方式主要指的是在学前教育机构里面单独设立一个专门安置特殊幼儿学习的特殊班。针对特殊幼儿的特殊需要进行教育安排,使他们接受到对应的特殊教育。

3.全融合的安置形态

这种方式就是让特殊幼儿跟正常的幼儿一样，放在一个班级中学习、生活、游戏，但是会针对性地对特殊幼儿设计个别化教育计划，对他们进行适当的教育康复。

【小案例】

小小

2022 年 7 月，4 岁的小小在外公外婆的陪同下参加了幼儿园入园评估。在评估现场，小小全程情绪激动，一直尖叫与哭泣。在评估老师的安抚和引导下，也是如此，不能够听从指令，抓到任何东西都往地上扔，入园评估无法顺利进行。据外公外婆表述，小小在日常生活中情绪波动大，无法听从指令，不能自主大小便，现在还穿着尿不湿。外公外婆想让小小进入全融合班级就读。

【大思考】

1.你认为小小适合哪种安置形式？
2.特殊幼儿进入全融合班级需具备哪些条件？

（二）特殊教育机构或者医院

人的发展存在"关键期"，人类的某种行为和技能、知识的掌握，在某个特定的时期发展最快，最容易受环境影响。如果在这个时期施以正确的教育，可以收到事半功倍的效果；而一旦错过这一时期，就需要花费很多倍的努力才能弥补，或者将可能永远无法弥补。0~6 岁是很多能力发展的关键期，例如：语言、动作等。儿童幼年具有巨大潜力，而儿童发展的关键期又多在幼年期，因而对特殊儿童实施早期教育可以充分发挥特殊儿童的潜力，促进其发展。因此很多学前特殊儿童的家长选择进入特殊教育机构或者医院进行康复，接受动作、语言、认知各方面的康复训练，以期抓住发展的时机。

特殊教育机构或者医院中都是相对较为专业的医学康复训练人员，有物理治疗师、语言治疗师、作业治疗师等，从而可以确保学前特殊儿童接受康复的专业性以及全面性，从而保障学前特殊儿童康复的效果以及康复的进度。但是特殊教育机构或者医院的康复人员多具有医学背景，具有教育背景的康复训练师或特殊教育教师不多，而学前特殊儿童需要的不仅仅是康复，也需要相关的教育。在特殊教育机构或者医院安置，可能导致特殊幼儿缺失了在普通人群中学习的机会，这样就会错失其身心发展的很多关键期，同时因为缺少同伴的沟通玩耍，对于幼儿的成长是不利的。

（三）家庭

对于一些障碍程度较严重或家住较为偏远的学前特殊儿童，由于各种原因无法进入到幼儿园或者康复机构,家长是特殊儿童的主要照顾者,由家长进行教育和康复。虽然有专业人员送教上门,因为幼儿全时段都在家庭中,康复师、教师等专业人员无法及时给予学前特殊儿童及家庭及时的指导与支持,会影响幼儿的教育、康复效果,进而影响学前特殊儿童的身心成长。此外幼儿与外界接触少,尤其是同龄幼儿,不利于幼儿社会性的培养。

第五章
学前融合教育的实施

◎ **本章聚焦**

    1.学前教育机构中的融合教育

    2.学前融合教育中的家园共育

    3.学前融合教育中的社区合作

◎ **本章结构**

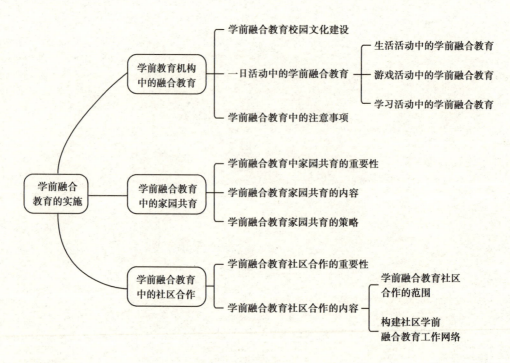

【小案例】

豆豆[①]

    豆豆是中班的一位可爱的小朋友,他患有自闭症,伴有严重的睡眠障碍。午睡,是让豆豆、妈妈和老师都很头疼的事情,因为他会大吼大叫,还会把自己脱光在寝室乱

---

    ①   本案例由昆明学院附属儿童发展中心撰写。

跑,影响到班上的小朋友睡觉,老师也经常收到小朋友的告状。为了解决豆豆的午睡问题,我们和妈妈沟通了豆豆的喜好,决定从他的喜好入手,逐步培养午睡习惯。豆豆很喜欢看小猪佩奇,于是,每次睡觉之前,我们请妈妈带来小猪佩奇动画,让豆豆躺下后观看,然后不断延长安静躺的时间。过了一个月后,我们将视频换成了音乐模式,引导豆豆听着小猪佩奇的配音静躺,然后慢慢地让音频距离越来越远,尝试了一学期,豆豆虽然不睡午觉,但是他没有乱跑,也没有大叫影响到小朋友睡觉,小朋友们越来越喜欢豆豆了。

【大思考】

1.对豆豆午睡障碍的问题,幼儿园和家庭是怎样沟通的?

2.根据案例,总结一下学前融合教育中家园沟通的重要性?

第一节　学前教育机构中的融合教育

受教育权,是我国宪法赋予公民的一项基本权利。学前特殊儿童作为我国的合法公民,理应和普通幼儿共同享有平等的教育资源。融合教育是当前特殊教育的主流思潮,学前教育阶段是影响人一生的终身可持续发展的基础阶段,学前特殊儿童的发展最关键的一点就是"早发现、早干预"。因此,科学地实施学前儿童融合教育对学前特殊儿童来说具有重要意义。

学前融合教育是融合教育的重要组成部分,主要指将 3~6 岁特殊幼儿与普通幼儿安置在同一教育环境中,以两者共同活动的融合教育为主,并提供多方面的支持和辅助以满足其需要和发展的教育形式。学前融合教育的目的是体现教育的公平、平等,并促进学前特殊儿童的身心健康发展、快乐成长。当前,我国已出台一系列政策保障特殊儿童的早期教育。

2016 年公布的《幼儿园工作规程》提出"幼儿园教育应为具有接受普通教育能力的特殊儿童提供发展的机会和条件"。2017 年颁布的《残疾人教育条例(修订草案)》更是明确提出"推广融合教育,保障残疾人进入普通幼儿园、学校接受教育"。根据相关条例,幼儿园应该成为特殊儿童学前教育的主要场所。2022 年,北京市晓更助残基金会联合中国残疾人艺术团团长、全国政协委员邰丽华提交了一份《关于推动落实<"十四五"特殊教育发展提升行动计划>,保障特殊需要儿童平等获得学前融合教育机会的建议》(以下简称《建议》),提出"参照学前特殊儿童在义务教育阶段的零拒绝政策,所有幼儿园应当承担接收本社区内学前特殊儿童入园的主体责任,保障适龄学前特殊儿童就近入园。"实施学前融合教育必须要从儿童的角度进行思考,让学前特殊儿童发出内心对教育的真实需求,使教育真正为学前特殊儿童服务。

> ## 一、学前融合教育校园文化建设

融合教育在我国的教育实践中起步较晚,大部分人对于学前特殊儿童的认识和了解也存在偏差。当前还有一些人出于刻板印象会对学前特殊儿童存在偏见或排斥,有些家长还会拒绝学前特殊儿童与自己的孩子共同学习,更有甚者认为特殊需要的儿童就去专门的特殊教育学校接受教育就好了,正常的教育资源理应优先倾向于普通儿童等。社会舆论也存在对融合教育机构施压的情况,增加了学前特殊儿童进入普通幼儿园就读的难度。

当前,在我国,学前融合教育对于幼儿教师以及幼儿园来说都是一个新兴的教育思潮,也是一个巨大的挑战。大部分实施融合教育的幼儿园中,主要的教师队伍还是普通的幼儿教师,特教老师少之又少。而在职业培训体系中,我国幼儿教师培训工作还有待完善,甚至有些地方的幼儿教师培训是跟着中小学一起进行,流于形式,培训内容不符合幼儿教师的发展需求。这就造成了提供给幼儿教师参加融合教育培训的机会较少,培训课程设置不合理,培训内容不符合实际需求,特别是不能满足学前特殊儿童的特殊需求等情况。

大多数情况下学前儿童融合教育的理念并没有得到真正的落实。在学前儿童融合教育的过程中,由于残障儿童的特殊情况,需要采取特殊的教育方式,幼儿教师需要花更多的精力去照顾这些残障儿童,同时老师们还要掌握相关的知识技能。此外幼儿园教育缺乏高质量的融合教育课程,缺乏适应特殊儿童与普通儿童的教学方法。教学决定上又缺乏参考点,幼儿园只能是闭门造车,自己琢磨教学计划和教学方法。在这种情况下,残障孩子的教育鲜有成效,特殊儿童教育与普通儿童教育的融合流于形式。

(一)学前融合教育校园文化

校园文化是指以学校为主体、以课外活动为主要内容、以学校校园为主要空间、以校园精神为主要特征的一种群体文化。学前融合教育校园文化是指进行融合教育的幼儿园在长期的融合教育实践中形成的以全体幼儿(含学前特殊儿童)为主体,幼儿园为主要空间,涵盖幼儿园领导、全体教职工在内,以融合精神为主要特征的一种群体文化,包含幼儿园与融合教育相关的物质文化、精神文化和制度文化。

1.学前融合教育校园物质文化

物质本身并非文化,它主要是指校容校貌,教学设施等,这是其他校园文化产生和发生的基础,是校园文化的空间物质形式和外在标志。物质文化是一切文化的前提,包含幼儿园的教学楼、教育教学设施以及校园内所有与融合教育相关的物质建设。学前融合教育是兼顾普通幼儿与学前特殊儿童的教育,因此实施学前融合教育的幼儿园相比于普通幼儿园在园内设施的采购、教育教学设备和玩教具的提供上都会呈现出很大的不同。如:在幼儿园内创设专门的资源教室、感统训练室等;在班级创设可以供普通幼儿和学前特殊儿童操作的区域环境、操作提示卡片等;教师在组织活动时,提供适合于学前特殊儿童活动的玩教具等。

2.学前融合教育校园精神文化

精神文化是幼儿园文化深层次的,集中的体现,是全体教职工共同认同和遵循的教育思想,价值取向,思维方式,行为准则以及幼儿园的形象的总和。精神文化是融合幼儿园文化的核心力量,它是在幼儿园内通过潜移默化的方式得到全体教职工的共同遵守,并通过教职工的行为方式展现出来的一种内隐的文化。在融合幼儿园中,长期实施学前融合教育所形成的大家内心一致认同的如对于学前特殊儿童的关心、支持和帮助,并主动践行的一切活动的理念文化。

3.学前融合教育校园制度文化

制度文化是幼儿园文化的集中体现和价值取向的固化形式,也是教职工各项行为的对照标准,包括规范、制度、流程、准则等。它具有共性与个性统一,强制性与自觉性统一,稳定性和变动性统一等特征。制度文化还具有政治导向与思想教育的功能,校园制度文化连接着校园精神文化和物质文化,是校园文化建设的重要抓手。在融合幼儿园,园方要根据学前融合教育开展的需要和实际情况制订一系列保障学前融合教育的园内规章制度、管理条例、操作手册、领导体制、检查评比标准等以规范全体教职员工、幼儿和家长的行为。

(二)学前融合教育校园文化建设的重要性

1.提高幼儿园开展融合教育的向心力和引导力

当前,融合教育在我国刚刚起步,只有沿海发达地区和部分内陆地区的学校先试先行。在实行融合教育的学校中有少数特教老师,但是大部分还是以普教师为主。对于普教老师来说,一个融合特殊需要儿童的班级对于班级的常规纪律和教学的正常开展都是具有挑战性的,也难免有老师被动执行和不能胜任。因此,融合校园要加强文化建设,形成稳固的融合校园文化,让融合教育真正地融入老师们的教学活动中,成为老师们开展教学活动的精神向导,从而提高老师们的向心力,真正地将融合教育落到实处。

2.有利于普通家长、幼儿更好地接纳特殊需要儿童

学前特殊儿童与普通幼儿相比,有其特殊性,他们大多从外表就与普通孩子不同,或许是肢体上的障碍或许是听力障碍、视力障碍、语言障碍等,有些或许是智力发育上的障碍。对于幼儿来说,本身也只是心智发育尚未成熟的孩子,他们也许会有意无意间发现同学的不同之处,这些都容易对学前特殊儿童及家长的心理造成伤害。而对于普通家长来说,他们也担心班上的学前特殊儿童尤其是伴有攻击性行为的学前特殊儿童会不小心伤害到自己的孩子;担心老师将精力分散到学前特殊儿童身上,减少了对普通幼儿的关注等。因此部分普通儿童的家长最开始是被动接受融合教育甚至是排斥的。因此,要加强融合校园的文化建设,从幼儿入园开始,就引导幼儿和幼儿家长去认识、去了解融合教育,感受融合校园文化,以帮助他们更快更好地接受融合教育,从而促进普特幼儿的共同发展,也加深普特家长之间的有效连接,发展校外融合等,以更好地促进融合教育的发展。

3.有利于学前特殊儿童和家长更好地融入幼儿园

对于学前特殊儿童的家庭来说,他们承受着很大的经济压力和心理压力。当前,随着融合教育理念和实践的推进,一些学前特殊儿童能够进入到融合幼儿园和普通幼儿一起去游戏、学习,解决了家长们的入学需求,但同时也会带给他们新的担忧。学前特殊儿童无论从生活还是发展上本身就需要比普通幼儿更多的照护,在家里基本上都是一家人在照顾,去到机构也大多是一对一的个训教学。进入幼儿园后他们需要与所有幼儿一起活动,老师会不会照顾不过来,我的孩子会不会受欺负等都成了学前特殊儿童家长们的担忧。因此,要加强融合教育的校园文化建设,让学前特殊儿童和家长了解和认识到幼儿园本身的融合模式和融合文化,进一步降低他们的担忧,也帮助他们更好地融入幼儿园的一日活动中。

(三)学前融合教育校园文化建设注意的问题

1.幼儿园管理者充分发挥作用

校领导管理学校的理念、模式、思维方式等受其办学价值观的影响,校领导依据价值观的导向去安排分配学校的部门、任务等,并对校园文化的构建产生很大的影响。实施学前融合教育的幼儿园,园领导要在思想和领导意识上建立起实施学前特殊儿童融合教育的理念并不断践行。要在长期的融合教育实践中完善自身的管理制度。如特殊需要儿童入园的流程制度(包含如何进行入园前的评估,教育安置的标准,融合效果的评估等)、教职员工开展融合教育的操作要求和行为规范、家长入园陪读规范、来访者接待制度、甚至禁止拍摄幼儿正面照等相关的细则制度等。

2.定期对全体教职工进行融合教育的专题培训

幼儿园能否真正促进学前特殊儿童和普通儿童的健康发展,在很大程度上取决于教师融合教育的专业知识和能力水平。对于普教教师尤其是新入职的老师来说,学前特殊儿童的异常表现常常让他们无所适从,缺少特教知识是他们被动接受融合教育甚至是觉得无力承担的主要原因。幼儿园可以邀请融合教育研究者、优秀的一线教师或者有专业特长的学前特殊儿童家长开设专题讲座,也可以组织教师到儿童康复机构、特殊教育学校等开展交流学习,做志愿者或义工活动,还可以组织教师阅读融合教育书籍、观看融合教育视频、开展融合教育讨论、进行融合教育行动研究等。另外,幼儿园还需要聘请特教专家或者组织特教老师定期对普教教职工进行融合教育知识的培训和相关指导,让普教教师能够逐步积累应对融合幼儿问题行为的能力和技巧。同时,还应组织心理学专家对教师进行心理疏导,缓解他们的心理压力,真正地接纳融合教育,将融合教育贯穿在幼儿教育教学的一切活动中。

3.创设专门的学前融合教育区域和展示的文化墙

与普通幼儿相比,学前特殊儿童有着独特的障碍类型,所以也有他们的不同的照护需求,因此教师在组织活动和在活动器材提供中也要考虑学前特殊儿童的发展需求,以保证他们能积极地参与到活动中。如对于听障儿童来说,他们需要更多的声音刺激和语言刺激输入;对于自闭症幼儿来说,他们需要更多的感统、社交和语言训练等。

另外,对于实施学前融合教育幼儿园的内部教职员工来说,融合教育的思想已经固化在老师们的心中,但是对于家长、幼儿和来访参观者来说,他们也许并没有这样的理念,也对融合教育如何开展有许多的好奇和未知。因此,融合幼儿园在环境创设中要预留专门的学前融合教育环境创设区域。这些区域中要呈现和展示融合教育的理念,普、特幼儿以及家长积极参与各项活动的照片,视频二维码等,引导人们从直观环境创设上就能感受到融合的意义和价值所在。

4.形成学前特殊儿童同伴支持

每个班成立儿童帮助小组,关心帮助学前特殊儿童。同伴之间的帮助和支持对他们的发展有巨大的作用。同伴支持主要有三种形式:一是特殊需要儿童与普通儿童一起完成某种游戏;二是同伴邀请特殊需要儿童一起做某件事;三是观察学习,让特殊需要儿童在一旁观看其他儿童的行为,再让他们一起参加活动。

选择同伴支持小组成员的标准注意以下几点:一是性格温和,能与特殊儿童友好相处;二是被选者和学前特殊儿童都能理解成人的指导;三是特殊儿童愿意与其相处;四是有合作意识,能形成同伴小组,以个人或集体的形式帮助学前特殊儿童。

> 二、一日活动中的学前融合教育

幼儿的思维具有具体形象性,他们需要通过实物操作或形象来建构经验。幼儿注意力集中时间短且注意力分配不足,学前特殊儿童更是如此。因此,我们要充分地利用幼儿园一日生活中的各个环节,充分地开展学前融合教育。《3~6岁儿童学习与发展指南》指出:"遵循幼儿的发展规律和学习特点。珍视幼儿生活和游戏的独特价值,充分尊重和保护其好奇心和学习兴趣,创设丰富的教育环境,合理安排一日生活,最大限度地支持和满足幼儿通过直接感知、实际操作和亲身体验获取经验的需要,严禁拔苗助长式的超前教育和强化训练。"将融合教育融入一日活动中,是开展学前融合教育最有效的途径。

幼儿园一日生活中的教育活动是完成课程目标或促进幼儿身心全面发展的基本途径,一日生活中的教育活动可以分成三种类型:生活活动、游戏活动与教学活动(学习活动)。开展学前融合教育要在一日生活中进行。

(一)生活活动中的学前融合教育

生活活动是指幼儿在园期间由老师所组织的以满足幼儿基本生活需要的活动,主要包括进餐、睡眠、如厕、盥洗,是培养幼儿良好的生活卫生习惯、对幼儿进行健康教育,养成健康、文明的生活方式与习惯的重要途径。大多数学前特殊儿童生活自理能力都较差,因此在生活活动中开展融合教育显得尤为重要,能够提高学前特殊儿童的生活自理能力、动作发育以及语言和社会性发展等多方面的能力。

1.进餐活动中的学前融合教育

学前特殊儿童,尤其是孤独症幼儿多有异食癖,他们常常偏爱某种食物,吃起来不受控制,或者根本不愿意接受其他的食物。刚刚入园,他们甚至没有餐前准备的意识,直接上手就吃。教师要引导全体幼儿正确进行餐前准备,可以请班上能力较强的小朋友当融合幼儿的影子老师,从餐前准备到餐后收拾整理,积极帮助融合幼儿完成。

(1)每天由指定同伴带领学前特殊儿童完成餐前准备、洗手、上桌。

(2)学会安静地等待就餐。

(3)在小朋友的帮助下自己尝试取餐。

(4)针对特别挑食的特殊儿童可以将不爱吃的食物从细到粗、从少到多、逐量添加。

(5)请老师添餐时,要引导学前特殊儿童用语言表达自己的需求。

（6）餐后自己送餐具,并整理餐桌。

2.如厕活动中的学前融合教育

对于大部分学前特殊儿童来说,如厕是一大难题。他们有的不会排队如厕,有的只会使用马桶,不会使用蹲坑,有的如厕后不会冲洗,有的不知道自己该去哪里如厕,有的还没到卫生间就会不自觉脱裤子,甚至有的学前特殊儿童还会拿着自己的排泄物玩耍。为了解决如厕问题,教师可以试着使用以下几个小方法:

（1）粘贴醒目的标志,比如小男孩、小女孩的头像表示男厕、女厕。

（2）设置如厕排队线,可以在地面设置排队标识,幼儿需要站在上面排队。

（3）每天定时引导不会甚至抗拒排便的幼儿去马桶上蹲坐。

（4）与家长密切沟通,达成一致,培养良好的便后卫生习惯。

3.盥洗活动中的学前融合教育

盥洗活动是幼儿每天进行次数比较多的活动,也是幼儿卫生的第一道防线。考虑受盥洗室大小的影响和幼儿对水的先天的喜爱,往往是老师最需要关注的环节。对于很多学前特殊儿童来说,他们会横冲直撞地去盥洗,也不会正确地盥洗,他们还喜欢玩水,玩肥皂、洗手液等,需要老师和同伴进行更多的引导。

（1）粘贴七步洗手法的图片,每次进行盥洗活动时引导幼儿观看并模仿。

（2）可以将日常一些正确的做法展示出来,用√表示,引导幼儿知道这才是正确的。

（3）设置盥洗排队线。

（4）同伴指引特殊幼儿进行盥洗活动。

4.午睡活动中的学前融合教育

午睡是幼儿园的常规活动,幼儿睡眠时,身体各部位和脑及神经系统都在进行调节,能量的消耗最少,利于消除疲劳,内分泌系统释放的生长激素比平时增加3倍。所以,睡眠好坏直接影响幼儿的生长发育和身体健康,以及下午的活动参与情况。但是一些学前特殊儿童尤其是自闭症幼儿都伴有严重的睡眠障碍,出现不愿午睡、大吼大叫、啃咬衣服等行为。为了引导学前特殊儿童尽快进入午睡,我们需要做到:

（1）睡前准备要做足:餐后散步20分钟,如厕后才开始进入午睡环节。

（2）逐步训练学前特殊儿童自主穿脱衣服的能力。

（3）当学前特殊儿童排斥午睡、大吼大叫时,可以提供他一些情绪发泄品。

（4）通过肢体安抚,如拥抱、抚背等建立起安全联结。

保证午睡环节学前特殊儿童都是在自己的小床上,厌睡的幼儿可以采用转移注意力的方法逐步延长在床上的时间,如先玩玩具,然后静坐,躺下闭目等方式。

(二)游戏活动中的学前融合教育

游戏是指由儿童主导的、制定规则、借助各类物品,反映并探索周围世界的活动。游戏是在一日生活中除满足基本生存需要的活动(如进餐、睡眠、排泄等)之外发生次数和所占时间最多的活动。游戏可以促进幼儿在身体发育、认知、语言以及社会性多方面的发展。学前特殊儿童多伴有感统失调、情绪不稳定、语言障碍、交流障碍等,因此游戏对于他们的价值显得更加重要。

1.游戏对于学前特殊儿童发展的价值

(1)促进学前特殊儿童的身心发展。各类感统游戏尤其是户外游戏可以充分地促进学前特殊儿童身体的新陈代谢和生长发育,游戏中的动作练习等能很好地发展学前特殊儿童的身体协调性和耐性。

(2)在游戏中,往往伴随着许多色彩丰富、形状不同,材质不一的游戏材料,能很好地促进学前特殊儿童的语言发展。

(3)游戏过程中往往伴随着老师或者小朋友一定的口令和指令,能够给予学前特殊儿童更多的言语输入,同时鼓励言语输出,能更好地促进学前特殊儿童的语言发展。

(4)游戏的过程中,需要跟随指令进行,有游戏规则需要遵守,同时往往伴随着师幼互动、幼幼互动,能很好地促进学前特殊儿童的社会性发展。

【小案例】

爱唱歌的萱萱①

萱萱很爱唱歌和跳舞,但是她的世界却是一片黑暗,对于全盲的萱萱来说,视觉以外的其他感觉器官是探索世界的主要方式。为了支持盲宝萱萱的发展,教师和小朋友们精心设计了特殊的区域,既能满足普通幼儿的发展,同时,盲宝萱萱也能够通过敲一敲、听一听,进一步感知不同的奇妙世界,在自己喜欢和擅长的区域中,萱萱玩得很开心。

2.游戏活动中开展学前融合教育注意的问题

(1)了解学前特殊儿童的主要障碍类型是前提。

尽管学前特殊儿童大部分都伴有语言、感统等障碍,但是每个特殊需要儿童的主要障碍类型不同,班级教师要充分地学习和了解班级学前特殊儿童的迫切发展需求,

---

① 本案例由昆明学院附属儿童发展中心撰写。

设置游戏活动时充分考虑实现主要的发展目标,同时兼顾其他发展需求。

(2)尊重学前特殊儿童的游戏兴趣。

兴趣能够带给幼儿强大的心理驱动力,在设计游戏时,要充分尊重学前特殊儿童的游戏兴趣。在开展游戏活动前,教师可以提供几种游戏用图片或图示引导班级学前特殊儿童进行选择。当学前特殊儿童挑选出的是玩过的游戏时,教师要引导他们通过变更和创新游戏玩法的方式以保持幼儿浓厚的游戏兴趣;当学前特殊儿童选择的是新游戏时,教师要学会创设一种神秘的游戏氛围,充分地激发起幼儿的好奇心和浓厚的游戏兴趣,再引入游戏玩法,和幼儿共同商讨游戏规则。

3.促进普特儿童共同发展是原则

学前融合教育中,普特幼儿共处同一环境,但是由于先天或后天的多种因素,幼儿们在游戏活动中的动作技能与学习能力的差距是客观存在的。作为幼儿游戏活动的支持者与参与者,教师应注意留心观察,发现普特幼儿的兴趣、需求,不断调整游戏玩法,更新游戏材料,也可以采取分组游戏等方式,以保证普特幼儿在同一游戏中都能玩,会玩。

4.重视提升幼儿游戏水平

幼儿的游戏水平是评价幼儿园游戏质量的重要指标。如何提高幼儿的游戏水平,是幼儿教育工作者必须重视的问题,开展学前融合教育同样要将提高学前特殊儿童的游戏水平作为一个评价指标。当学前特殊儿童已经学会玩游戏时,教师就要引导幼儿去发掘游戏中的其他价值,同一个游戏反复玩,创新玩。

5.分层次指导是主要手段

相较于其他活动类型来说,游戏活动更具有自发性和灵活性。学前特殊儿童可以选择的材料多,玩法上也更具有创造性。因此在组织游戏活动的过程中,教师要细心观察,发现幼儿的游戏能力、材料选择以及自发的分组情况,将游戏进行小组分类,并针对不同小组的材料选择、游戏内容等采取分层指导。

【小案例】

好动的小翔①

小翔是中三班的融合幼儿,典型的孤独症。他社会交往意识薄弱,几乎没有规则意识,情绪爆发时会乱丢乱砸东西,经常静不下来,班上好多小朋友经常提醒他,帮助

---

① 本案例由昆明学院附属儿童发展中心撰写。

他,但有时候会换来他的攻击性行为。但是他比较喜欢建构区的活动,几乎每次区域活动都选择建构区,但是建构规则却常常被他抛之脑后。我们班喜欢建构的小朋友也比较多,所以我们班设置了两个建构区,其中一个需要小朋友们自己取垫子来铺在地上,每次区域活动时老师都会请两个建构区的小朋友来帮助和指导小翔如何取放玩具、如何操作玩具、脱鞋进入等,通过这样的方式,不仅融合幼儿能力得到发展,而且普通幼儿也更加有责任心,社会交往能力也能得到更大的发展。

(三)学习活动中的学前融合教育

1996年教育部颁布的《幼儿园工作规程》第四章"幼儿园教育"第二十四条指出"幼儿园教育活动应是有目的、有计划引导幼儿生动、活泼、主动活动的、多种形式的教育过程"。教育部颁布的《幼儿园教育指导纲要(试行)》第三部分"组织与实施"第二条也指出"幼儿园教育活动是教师以多种形式有目的、有计划地引导幼儿生动、活泼、主动活动的教育过程"。幼儿园教育的对象一般是3~6岁的幼儿,针对该年龄段儿童所设计与实施的教育活动,有其独特的内涵。幼儿园教师要有目的、有计划地通过创设环境、提供材料以及与幼儿有效互动等行为实施融合教育,支持或引导幼儿开展多种形式的、生动活泼的主动活动,从而促进普特幼儿和谐发展。学习活动中实施融合教育,需要把握以下原则:

1.科学制订活动目标

目标的制订对活动的开展起着引领作用,没有预设目标的学习活动是杂乱无章的。实施融合教育的过程中,教师一定要充分考虑普特幼儿的前期经验的储备和他们的发展需求。在活动中根据普特幼儿的表现,判断是否生成新的目标以开展活动。

2.精心选择活动内容

教育内容是实施融合教育的主要载体。当我们为普特幼儿预设了本次或本周的发展目标时,我们要根据孩子们的兴趣,充分利用周围环境中的资源,选择恰当的内容以供普特幼儿实现他们的发展。

3.提供多种材料,分层次投放和操作

针对幼儿的不同经验和能力,我们可以提供多种材料供幼儿选择和操作,鼓励幼儿自主探索。不管是对于特殊幼儿还是普通幼儿,开始活动时,先了解幼儿的想法,鼓励幼儿在大胆尝试中学会正确的操作方法。

4.及时肯定幼儿的表现,予以鼓励

【小案例】

秋日树林①

活动名称	中班美术		活动内容	秋日树林
	普通幼儿			特殊幼儿
活动目标	1.初步尝试用纸团进行拓印——秋天的树林。 2.大胆表现不同造型的树林。 3.体验拓印画带来的乐趣。			1.巩固使用海绵棒进行拓印活动。 2.初步搓纸条。
活动过程	1.欣赏秋天树林美丽的景色,感受大树的色彩美和造型美。 (1)欣赏图片,感知秋日树林的色彩美。 师:秋天到了,树林里发生了很大的变化,今天树精灵想带着我们到树林里去逛一逛,走一走,我们一起出发吧。 (2)树叶游戏,感受秋日树林里各种形态的树。 师:树的形态各异,多姿多彩,真是太奇特太美了,123魔法变变变。(小朋友变出树干的样子,老师撒树叶,落到小朋友比出的树干上。) 2.幼儿探索用纸团画树叶。 师:秋天的树林真美啊！怎样把美丽的树林留住呢? 幼儿初步探索纸团拓印树。 尝试结束,回到座位。 教师提问:你是怎么画出来的? 用了什么方法? 3.教师总结示范纸团拓印画。 先把纸揉成团,然后蘸染颜料,并把他印画在纸上。 幼儿再次探索,尝试创作拓印画。 尝试进行拓印画创作,教师巡回观察。 4.欣赏作品,相互评价。 教师:你们看,大家把大自然的色彩都留在画里了。我们一起来欣赏一下吧。			1.找到位置,尝试安静坐下观察2幅秋日美景图。 (1)图片出现时,能够做出表情或者动作、语言等反应。 (2)在老师的引导下尝试用肢体表达树干的造型。 2.学习使用海绵棒进行拓印。 (1)摸一摸,玩一玩海绵棒。(提供特殊幼儿使用的颜料和海绵棒,自由探索海绵棒的画法。) (2)教师示范"海绵棒拓印"的方法,如果几次尝试不会,可手把手拓印引导幼儿,在黑色卡纸上进行重复。 3.尝试用纸进行搓条。 (1)教师提供一张纸,引导幼儿搓揉成条,作为秋日美景的树干。 (2)幼儿反复练习操作,搓出至少5条。 4.欣赏作品并尝试做出反应。
活动延伸	美工区投放不同的作画材料,继续拓展用其他形式表现秋天的树林。			在搓的基础上,尝试学习"团圆"动作。

---

① 本案例由昆明学院附属儿童发展中心撰写。

> ## 三、开展学前融合教育要注意的问题

2017年1月9日在厦门市举行的衣恋集善融合教育发展国际研讨会上，500余名与会代表达成共识："发展融合教育是残障人士实现全面发展的需要，更是促进教育公平、均衡、可持续发展的要求！"目前，我国的学前融合教育发展水平不高，发展速度缓慢，发展水平不均衡，大多数幼儿园里没有完善的学前特殊教育方面的教具、图书等设施，而出现这些问题的主要原因有幼儿园的实际困难。要做好学前融合教育，需注意以下问题。

(一)建立专门的学前融合教育服务体系

提到融合，大家首先想到的就是把学前特殊儿童送到幼儿园里，让特殊孩子和普通孩子融合在一起。但若仅此而已，没有专业支持，那叫混合，不叫融合。真正的学前融合教育是在庞大的特教支持系统下，把学前特殊儿童放到一个自然的环境里，受到积极的影响。融合绝对不仅是知识的融合，而是社会性的融合。并且不是所有的学前特殊儿童现阶段都适合融合，要经过特殊的训练达到了融合的条件，才能和其他的孩子进行融合教育，哪怕能力再强的孩子也需要有针对性的过渡。因此，实施融合教育的幼儿园必须建立一套自己的教育服务体系，以支持融合幼儿的发展。

(二)预设性课程和生成性课程兼顾

预设性课程是指教师在活动开始前针对活动内容预设的组织实施，而生成性课程大多数老师是在"项目活动"过程中接触到"生成课程"这个概念的。实际上，我国的幼儿教师对生成课程的概念并不是完全陌生的。比如，我们常说教师要有教育机智，要随时关注生活，关注学前特殊儿童的兴趣，根据学前特殊儿童的兴趣和生活中突然发生的、有教育意义的事件来调整教学计划，这其实就是生成课程的思想。当开展同一活动时，有时候我们会在活动过程中发现不管是普通幼儿还是学前特殊儿童都表现出了与教师预设不一致的情况，甚至在一对一的个别化康复中，融合幼儿也会出现与预设不符的表现。这就需要老师根据学前特殊儿童的不同需求，对课程进行适度的调整，比如进行了很长时间的言语练习，但是发现学前特殊儿童的言语越来越差，那可能是该幼儿对语音不敏感，这个时候我们就需要对他进行目标的降级处理转而进行语言的识别和对应，甚至可以增加课程当中的视觉线索。再如，对智力稍微发展比较慢一些的孩子要增加课程当中练习和重复的机会等等。

（三）充分发挥环境的教育功能

1.设置资源教室,聘请资源教师

学前特殊儿童在园,要有一定的支持性条件,最好在园内设置资源教室,聘请特殊教育专业教师担任资源教师。资源教室仿照普通班级进行环境创设,为特殊儿童提供教育和康复的单独的空间,方便特殊教育教师进行个别指导。

2.有针对性地创设班级环境

班级教师针对本班特殊儿童的实际情况,改变教室的布置、调整教学用具和设备,设计专门性的区域、标记和投放材料,同时简化游戏任务的时长和难度,来推动干预的实施。

3.物质环境创设要同时考虑特殊儿童和普通儿童的需求和发展

幼儿园融合教育环境的创设,不能只考虑特殊儿童的发展,也要考虑普通儿童,环境的创设要做到两类儿童的相互促进和发展。

学前儿童的身心发展特点决定了教育的生活化,学前儿童教育必须寓教育于儿童的一日生活之中,幼儿园一日活动皆课程,幼儿每天都会从各种必不可少的日常活动中潜移默化地掌握很多基本的生活经验,锻炼独立生活的能力。对学前特殊儿童也是如此,大部分的学习是生活化的、游戏化的,教育活动与日常生活密不可分。因此,学前教育机构应从学前特殊儿童的一日生活中挖掘教育资源,儿童日常生活的每一个环节都具有教育价值,都应从学前特殊儿童发展的现实出发,加以充分的组织和利用。

（四）个别化教育计划与班级融合相结合

个别化教育计划是指为接受特殊教育的每一位残疾学生而制订的适应其个人发展需要的教育方案。1975 年美国国会颁布的《全体残障儿童教育法案》中规定的一项内容。该法令要求地方教育部门在对残疾学生实施特殊教育之前必须组织一个包括教育行政人员、任课教师、父母及学生本人(必要时)在内的小组,共同商定教育或训练的内容及措施,制订一份书面的教育方案。基本内容包括:

(1)该生达到的教育水平的说明;

(2)该生应达到的短期目标和年终目标;

(3)给该生提供特殊教育和服务的项目及该生能够参加普通教育程度的说明;

(4)实施上述教育服务的预定日期和实施期限;

(5)以一年为周期的评估目标、评估办法及评估日程表。

在特殊需求学生的康复训练和日常教学中,个别化教育计划的地位和作用非常重要。不管是对学前特殊儿童还是普通幼儿来说,同伴都是丰富的教育资源,模仿是有效的学习方式。融合教育通过将学前特殊儿童与普通幼儿放置在同一班,普通教师精心设计融合课程,能帮助学前特殊儿童告别单一甚至枯燥的个别化教育,转而在游戏中进行同伴学习以获得自身的发展。因此,进行融合教育必须要将个别化教育与班级融合相结合。

(五)普特联合,家园联动

融合教育是建立在普通幼儿和学前特殊儿童共同发展的基础上进行的,融合教育的目标应该是两个主体即学前特殊儿童和普通幼儿要实现双向的发展。因此,幼儿园要重视和兼顾普通幼儿和学前特殊儿童家长的双向需求,向普通家长也开展讲座等让他们充分意识到进行融合教育能促进普通幼儿能力,如社交、情感交流等方面的发展,同时创造各类机会,引导普特家庭加强校外融合活动。如开展全国助残日等系列活动,营造关爱特殊儿童的集体氛围。

早期的重视和教育对学前特殊儿童康复有至关重要的影响,除了在幼儿园和康复机构接受教育康复训练之外,家庭的支持与日常生活训练也非常重要,因此要充分地加强家、园联动。如定期召开家长座谈会,增强家长对自己孩子在园情况的了解;平时通过 QQ、微信、面谈、电话、书信等多种形式进行家园联系;尊重家长,积极倾听家长意见,明白家长的需求会随着儿童的成长而变化,保持和家长的有效沟通的同时对家长开展家庭育儿指导;为家长提供家庭康复的知识和技能培训,为家长答疑解惑,指导家长进行家庭干预。有些家长会对于融合幼儿的入园情况及未来发展很迷茫、很焦虑,针对于这部分家长,我们可以利用现有资源尽可能地开展心理健康咨询和心理辅导,如心理团体辅导、建立家长互助会等方式,鼓励家长相互支持,相互帮助。

第二节　学前融合教育中的家园共育

整个幼儿期是身体和大脑快速发育发展的时期,即使是学前特殊儿童,也具有巨大的发展潜能。虽然有特殊儿童的家庭,会比普通家庭承担更多的养育责任和压力,但是对于学前特殊儿童来说,科学合理地进行家庭教育和引导,不仅能最大限度地弥补缺陷和障碍,合理地让家长看到学前特殊儿童身上的无限可能,还有利于家长的心理调适,更有利于家庭的稳定和谐发展。特殊儿童家庭与幼儿园的合作共育,对学前融合教育的发展起到关键的影响。

> 一、学前融合教育中家园共育的重要性

学前融合教育是指学前特殊儿童与普通幼儿共同在普通幼儿园中接受教育的安置形式，强调为学前特殊儿童提供一个正常化的而非隔离的教育环境。通过融合教育，学前特殊儿童的语言能力和社交能力、社会情感等有了更好的发展。家庭与幼儿园的合作共育中需要家长和幼儿园双方都认识到融合教育的意义，通过不同的方式和平台，为学前特殊儿童与普通儿童的融合教育创造条件。

在学前融合教育中，学前特殊儿童的成长离不开家庭的参与和支持，家庭参与融合教育的程度影响着融合教育的发展。

（一）能促进学前特殊儿童家庭内部的深入交流

通过构建家庭共育模式，可以为幼儿园与家长建立互动交流平台，对家庭共育模式提出更多的优化、完善建议，提高家庭共育的综合效应。以家园共育的教育理念为指导，幼儿园需要主动变革合作方式，打破传统家长工作单一的僵化模式，引导家长分享养育学前特殊儿童的点点滴滴。在家庭教育方面，通过合理消除隔膜，促使特殊幼儿家长主动发言，诉说自己的家教心得。家庭教育氛围的改变，不仅能让特殊幼儿家长和教师之间进行有效的沟通交流，而且特殊幼儿家长与家长之间可以相互交流，互相学习，互相借鉴，分享养育学前特殊儿童的经验。

（二）能发展学前特殊儿童的基本生存能力

在幼儿园教育阶段，主要是对学前特殊儿童进行启蒙教学，通过游戏活动的引导，逐步培养他们的基本生存能力。要完成这一教育任务，就不能只靠教师来进行教育指导工作，幼儿监护人和家长都有教育责任。学前特殊儿童在幼儿园时，由幼儿教师实施保教；当他们处于家庭生活环境中时，家长要做到言传身教，培养学前特殊儿童良好的行为习惯和基本的生活能力。通过家庭教育和幼儿园教育的无缝衔接，可以充分发挥家庭共育模式的教育价值，为学前特殊儿童构建和谐、安全、快乐的成长乐园，培养和提高学前特殊儿童的基本生存能力。

例如，在学前特殊儿童生活习惯的培养上，由于幼儿的特殊性，没有饭前洗手的意识和习惯。因此，家长在对学前特殊儿童进行家庭教育时，要通过自己的行动来引导学前特殊儿童，确保学前特殊儿童每次吃饭前都认真洗手。学前特殊儿童反复做一件事，就会逐渐成为生活中的一种习惯。通过家长和教师的合作共育，加强对幼儿的良好习惯的巩固，保证每次进餐前都引导学前特殊儿童洗手，逐步培养良好的生活习惯和生活能力。

【小案例】

明明

　　明明,男,5岁,中班融合幼儿,能简单听从指令,常规较弱,自理能力较弱。由妈妈陪同就近租房居住。进入中班一个学期,严格执行生活作息要求后,在生活自理能力方面的表现与之前相比有进步:能自主离开位置抬饭;能在吃完饭后,将自己的碗和勺放在指定位置;能自己进行简单的洗手等。但是经过一个暑假后,老师发现一个学期的培养教育付诸东流,明明又回到了插班前的能力。

【大思考】

　　老师非常困惑,怎样才能让明明持续地进步呢?

(三)推进社会文明程度提高

　　发展特殊教育是推进教育公平、实现教育现代化的重要内容,是坚持以人为本理念、弘扬人道主义精神的重要举措,是保障和改善民生、构建社会主义和谐社会的重要任务。在学前融合教育中实施家庭共育,有助于更多的学前特殊儿童融入社会,既能减轻家长的负担,又能为社会发展贡献力量,体现学前特殊儿童自身的价值。学前融合教育是教育公平、教育普及的体现,是社会经济、文化水平的标志,体现了一个社会的文明程度。

＞　二、学前融合教育家园共育的内容

(一)鼓励家长参与融合教育活动

　　受多种因素影响,学前特殊儿童家长参与融合教育的比例偏低。目前,学前特殊儿童家长参与教育的主要内容是开展亲子活动、与老师沟通、处理学前特殊儿童在幼儿园遇到的问题,并未真正参与到融合教育活动中。另外,由于幼儿的特殊性,家长在辅导学前特殊儿童的过程中缺乏自信心,比较被动,一些家长对学前特殊儿童的教育持消极态度,参与度低。家长的参与在学前融合教育中的价值是无比珍贵的,因此教师应给予学前特殊儿童家长专业的技术支持,积极引导、鼓励他们积极参与到活动中来,在家中增加陪伴学前特殊儿童的时间,并及时与教师反馈与沟通。

(二)指导家长科学的教育方式

　　家庭教育对学前特殊儿童的教育影响很大,特殊儿童家长的教育观、教育方式等直接影响着学前融合教育的实施。然而,大多数家长对学前特殊儿童的教育方法不

当,在应用中缺乏正确的指导。幼儿园教师及特殊教育的专业人士应结合现有的家庭教育方式对家长进行专业指导,包括物质支持和精神指导,但最重要的是科学的教育康复知识和方法的指导。例如,定期组织学前特殊儿童家长培训班,开展各类知识讲座,系统地为学前特殊儿童家长提供各类培训机会,掌握足够的专业知识和方法。

(三)建立学前特殊儿童家庭教育支持体系

幼儿园建立完善、专业的学前特殊儿童家庭教育支持体系,加强对学前特殊儿童家庭教育方法和实际操作的研究。在探索中,从实际出发,充分理解家长的实际困难,将理论分析与深入实践相结合,对学前特殊儿童家庭提出切实可行的建议及帮助,提高他们的教育意识及能力。

＞　三、学前融合教育家园共育的策略

(一)家长主动与教师积极配合

幼儿园融合教育是一项综合性、长期性的工作,其成功与否将决定学前特殊儿童的未来。所以教师和家长都应该参与学前融合教育。有些家长把学前特殊儿童送到幼儿园,他们感到自由了、解脱了,认为学前特殊儿童入学之后的一切行为习惯都是教师的责任,与自己无关。这样错误的教育观念,对融合教育产生了消极的影响。家长应积极与教师合作,了解学前特殊儿童在幼儿园的生活、学习、与同伴的相处情况;配合教师,根据教学内容让学前特殊儿童在家继续练习与巩固,并与教师沟通学前特殊儿童的进步及不足。在教师和家长的默契配合下,帮助学前特殊儿童不断取得进步。

(二)提供平等对话交流的平台,促进家园有效沟通

《幼儿园教育指导纲要(试行)》指出:"家庭是幼儿园重要的合作伙伴,应本着尊重、平等、合作的原则,争取家长的理解、支持和主动参与,并积极支持、帮助家长提高教育能力。"教师与家长平等的对话是家园合作的前提,为提高家园合作的有效性,教师和家长应互相尊重,积极沟通。教师要善于倾听,理解家长的爱子之心,设身处地为家长解决难题;家长要尊重教师,肯定教师的辛苦与付出。有一句话说得好,幼儿就像是大海里的一艘小船,老师和家长就是小船的双桨,只有这一双桨是平等的、同向的、共同参与的、积极配合的,小船才能扬帆远航。

记得轩轩(学前特殊儿童)刚刚入园时,轩轩在教室里大哭,妈妈在教室门外伤心地抹眼泪,眼中满是不舍,一直不肯离开。陈老师将轩轩安顿好后,亲切地拉着轩轩妈妈的手问起原因,原来她担心轩轩会乱跑发生意外,担心轩轩不会上厕所,不会自己喝水、吃饭,担心轩轩不能与同伴友好相处……于是陈老师拥抱了轩轩妈妈,对她说:"您

的心情我理解,请您放心,我一定会像您一样照顾轩轩的,有任何问题我第一时间联系您!"看着陈老师真诚的目光,轩轩妈妈放心地离开了幼儿园。

(三)创新多种沟通方式,促进家园互动

为实现有效的家园互动,幼儿园可开展家长沙龙、家长助教、半日开放、家长论坛、茶话会、家长休息室等形式的家园互动活动,让家长了解幼儿园的办园历史、办园规模、办园理念、师资力量、教学进度、需要家园配合的事项、融合教育的需求,听取家长的意见与建议,与家长开展积极有效的沟通。一般情况下,教师与家长初次见面难免会有生疏,信任感不是一见面就能建立的。教师应在学前特殊儿童入园前积极开展家访工作,了解学前特殊儿童的生活环境及家庭背景,主动担负起与家长建立信任的责任。

幼儿园要办好公众号和网站,用网络的力量引导家长建立科学的育儿观,提高家庭融合教育的技能,解决家长在生活中遇到的困难及问题,促进家园合作。

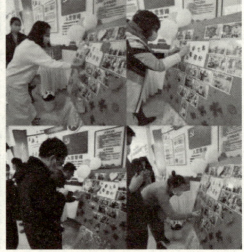

图 5-1　家长开放日活动(昆明学院附属幼儿园供图)

(四)共同营造爱的氛围,促进家园共育

有的普通儿童的家长抵触学前特殊儿童融入班级。当班上有融合的学前特殊儿童的时候,有的会遭到普通幼儿家长的强烈反对,他们认为特殊的学前儿童和普通的学前儿童在同一个班会对普通学前儿童产生不良影响,普通学前儿童会模仿特殊学前儿童的不当行为,有的家长甚至将自己的孩子转送到别的幼儿园。这类家长的态度对学前特殊儿童的家长、融合幼儿园及其融合班的教师产生了消极的影响。在一次交谈中,一位学前特殊儿童的家长说道"我满怀希望把孩子送去上幼儿园,但孩子被贴上了

标签,受到了排斥和歧视,让我更绝望……"融合教育的效果是影响融合教育接受度的关键因素。当有负面影响时,学前特殊儿童的家长对融合教育失去信心,部分家长会选择退出融合教育。

学前特殊儿童的健康成长离不开身边每个人的关爱。实践证明,获得更多爱的学前特殊儿童总是充满自信、朝气和积极向上;相反,被身边人拒绝的学前特殊儿童,往往会放弃自己,形成自卑心理和叛逆心理。学前特殊儿童更需要无私的爱与包容。

(五)提高学前特殊儿童家庭教育的比重

在开展融合教育家园共育工作时,家长和幼儿园的教育比重应处于平衡状态,二者教育比重的不平衡将对融合教育产生重大影响。分析以往的融合教育家园共育模式,发现家庭教育的比重明显不足,许多家长忙于工作,陪伴学前特殊儿童的时间十分有限,学前特殊儿童的教育工作主要是由幼儿园来完成。也有一些教师教育观念上的偏差,错误地认为融合教育工作应该由专业的教师完成,很少与家长沟通,也不要求家长配合,导致学前特殊儿童家庭教育的比重下降,家庭教育的重要性被削弱。

教师应以"融合家庭教育"工作创新为抓手,重新定位融合家庭教育和幼儿园教育,纠正部分教师和家长错误的融合教育观念,确保家长和幼儿园教育思想的一致性,鼓励、引导家长积极主动地参与到幼儿园融合教育活动中来。同时,在融合教育家庭共育工作模式中,教师可以及时与家长沟通,引导家长了解先进的融合教育思想和方式,以加强家长对家庭教育的重视,促进学前特殊儿童家庭共育模式的可持续发展。

(六)加强普通幼儿家长与幼儿园的沟通

学前特殊儿童融合教育的家庭教育需要建立在幼儿园、学前特殊儿童家庭和普通儿童家庭之间的合作基础上。幼儿园应积极引导家长,通过营造良好的环境,采取多种有效手段,让普通幼儿家长接纳学前特殊儿童,成为融合教育的参与者、支持者、宣传者:

(1)召开新学期家长会,让普通幼儿家长知道学前融合教育经历对普通儿童早期的同伴关系、认知能力和社会性发展都有积极的作用,让普通幼儿的家长可以接受融合教育的理念。并公布本学期学前特殊儿童的教育目标和幼儿园工作情况,使每位家长对每月、每周的活动有一个清晰的认识,也让家长了解融合幼儿的具体情况,以便家长更积极地配合幼儿园的活动。

(2)在"家园联系栏"中公布每月的融合工作目标。家长能够清楚地了解班级的融合工作重点,能够建立良好的合作关系。

图 5-2　家长会（昆明学院附属幼儿园供图）

(3)每月在"家园联系栏"中公布工作月计划,引导家长共同完成教育内容。

(4)每周公布活动计划,并在栏目中添加"请与我们合作",引导家长按时配合完成家庭教育。

(5)对幼儿的学习过程、作品等进行展示,让家长及时了解幼儿的收获及成长。

第三节　学前融合教育中的社区合作

社区作为学前特殊儿童成长的原始、基本的社会生态环境,对学前特殊儿童的成长产生着广泛的影响和作用。将社区资源整合应用在学前融合教育的过程中,一定程度上有助于丰富学前特殊儿童的社会情感体验,加深对社会的理解,有助于提升学前特殊儿童的认知水平,引导他们与外界进行交流与沟通,培养良好人际关系。

＞　一、学前融合教育社区合作的重要性

社区是幼儿园重要的教育资源,幼儿园应该考虑充分发挥社区的作用,让更多的儿童健康成长。在学前特殊儿童成长方面,社区合作的重要性如下:

(一)社区合作促进学前特殊儿童的全面发展

社区是学前特殊儿童社会化最直接的场所,对提高学前特殊儿童社会适应能力有重要作用。由于儿童的认知水平不同,应充分根据学前特殊儿童的兴趣特点,有针对性地开展社会教育,让学前特殊儿童在德、智、体、美、劳等方面全面发展。

(二)社区合作推进学前融合教育多样化发展

社区合作主要是家长、幼儿园与社区配合完成学前融合教育,包括育学前特殊儿童、育家长、育教师。育学前特殊儿童主要是为学前特殊儿童营造良好的生存以及学习环境。育家长需要引导家长学习学前融合家庭教育的早期干预和教育训练,探究学前特殊儿童的学习规律和身心发展,进行正确的家庭融合教育。育教师需要教师人员要严格遵循爱岗敬业、关爱学前特殊儿童、为人师表、教书育人的教师道德行为规范,要做到关心爱护每一位学前特殊儿童,与家庭和社区配合,根据学前特殊儿童身心发展的实际特点开展工作。

社区合作活动不仅能有效地进行社区资源的开发和利用,还规划、组织、完善社区学前融合教育机制,推进融合教育多样化和社会化,完善形成促进学前特殊儿童教育机会均等的教育体系。

(三)社区合作促进社会融合环境的发展

良好的社会环境能丰富学前特殊儿童的情感体验。幼儿园可积极利用社区资源拓展幼儿园课程,将社区的物质和人力资源转化为幼儿园学习活动的重要资源。社区里的便利店、超市、菜市场、娱乐设施、图书馆、消防队、公园等,成为普特幼儿的社会实践基地。幼儿园还可充分发挥社区各项职业人力资源的作用,如邀请社区警察、教师、医生、行政人员等进入幼儿园与普特幼儿互动。社区提供的物质和人力资源可以使普特幼儿从幼儿园系统资源之外获得真实的体验并扩展学习空间。同时,幼儿园也可充分利用教育资源为社区居民提供教育和服务。例如,幼儿园建筑和大型玩具可以经常对社区开放,幼儿园的会议室、表演设备和场地与社区共享等。

> 二、学前融合教育社区合作的内容

(一)学前融合教育社区合作的范围

居住的社区和家庭是学前特殊儿童最熟悉的生活环境,利用家庭和社区对幼儿进行综合康复是最经济和便捷的方法。幼儿园要构建引导家长、教师、社区成员多元互动的新机制、全员参与的新机制。

1.与各机构联合,探索学前融合教育的新机制

幼儿园与社区携手,与残联联合,争取得到各级残联的支持,定期组织学前特殊儿童进行康复训练,让学前特殊儿童优先享受优质资源。同时,加强与儿童福利机构、康复机构合作,提高学前特殊儿童评估鉴定、入园安置、教育教学、康复训练的针对性和有效性,探索学前融合教育的新机制。

2.与医院结合,探索医教结合新机制

幼儿园与社区和有资质的医院合作,共建"医教结合"项目基地。定期对学前融合幼儿进行医学诊断、身体康复和锻炼矫正,定期邀请医院康复医生来园任教,提供社区服务,指导教师和家长针对学前特殊儿童开展康复教育活动。

(二)构建社区学前融合教育工作网络

"社区是不同政治地位、不同经济状况、不同教育程度、不同个性的成员聚集的特定区域,人们生活在这个区域里互相联系、互相关照、互相交流、互相理解、互相效仿,成为他们成长、交往、学习和接受教育的社会化区域,也是进行政治、经济、文化教育等方面相对独立活动的社会区域。"幼儿园教育的目的是使学前特殊儿童学习照顾自己,具备生存和学习技能,从而融入社会。因此,幼儿园教育不应该只是"空中楼阁",而应该引导学前特殊儿童"多接地气",例如:把最简单的"1+1=2"的数学知识具体化。让他们在超市里买到自己最喜欢的两个物品,比简单地说出"1+1=2"答案更有意义。再如:在组织学前特殊儿童"认识交通设施"时通常用图片来一一识别,但效果并不理想,我们可带学前特殊儿童到小区的路口认红绿灯,越过斑马线、人行横道、地下通道和人行天桥。学前特殊儿童通过亲身体验实现"知行合一"。教育就是生活,通过将活动转移到社区,我们可以为学前特殊儿童提供更真实的生活场景,让他们更顺畅地适应社会生活。

我们在学前融合教育活动中要整合社区资源,幼儿园配合家庭和社区共同构建融合教育网络体系,紧密合作。还可在社区举办学前特殊儿童的实践活动、家庭教育讲座等活动,为学前特殊儿童提供学习机会,减少社区居民对学前特殊儿童的偏见和歧视,从而真诚地接纳他们,爱护他们,帮助他们。社区对学前特殊儿童的帮助增强了社会的凝聚力,为学前融合教育提供坚强的后盾,为不断促进学前融合教育发展提供了动力。

(三)建立社区学前融合教育管理体制

成立由家长、教师和公共部门代表组成的社区教育组织,建立学前特殊儿童发展质量管理制度、评价制度和监测制度,建立家庭工作机制,评估学前特殊儿童的发展,

以及制订社区计划,开展学前特殊儿童社会学习活动等。同时对社区内的适龄儿童进行有针对性的早期儿童发展评估和干预,全面推进科学育儿工作。

(四)现代网络技术促进家园、社区间良性互动

全球化的资讯与网络进程改变了人们的生活方式,这对工作、娱乐、日常生活的各个方面都有深远的影响。网络、手机、电脑等设备为学前融合教育提供了有利条件。通过网络技术,可以扩大家庭、社区之间的交流,促进交流与合作,从而促进教师、家长和社区之间的良性互动,形成学前融合教育共同体。

＞　三、学前融合教育社区合作的策略

(1)设立能配合开展学前融合教育的工作人员。社区内应组建一支熟悉学前融合教育,有丰富教育经验,有一定专业能力、组织能力,以幼儿园为主体,社区人员为补充的骨干队伍。以此为基础,在社区不同地区组织开展学前融合教育活动,使社区各类人群紧密联系在一起,共同推动社区学前融合教育的开展。

(2)开展丰富多彩的社区活动。幼儿园可充分利用自身优势,可定期举办活动,并邀请家长、社会人士或不在园内的学前特殊儿童参与,活动中大家可以相互交流、互相学习。例如:在"世界环境日"这一天,街道、幼儿园、家长在社区联合开展"清理垃圾,爱护环境"的活动。利用这一活动,可以言传身教,告诉学前特殊儿童,保护环境,从身边的小事做起,教育他们爱护环境,保护我们美丽的地球。

(3)提供专业公益服务。幼儿园教师可以与社区合作,实施各种项目,向学前特殊儿童的家长免费提供不同的服务,如在放学后开设个训班,邀请社区志愿者共同照顾学前特殊儿童,不仅能使学前特殊儿童们发展兴趣,也能避免学前特殊儿童长时间独处。这不仅锻炼了学前特殊儿童的社会沟通能力,也减轻了家长的负担,解决了家长的后顾之忧。

第六章
幼儿园融合教育教师职业道德修养和职业技能

◎ **本章聚焦**

1.幼儿园融合教育教师职业道德修养

2.幼儿园融合教育普教教师职业技能

3.幼儿园融合教育资源教师职业技能

◎ **本章结构**

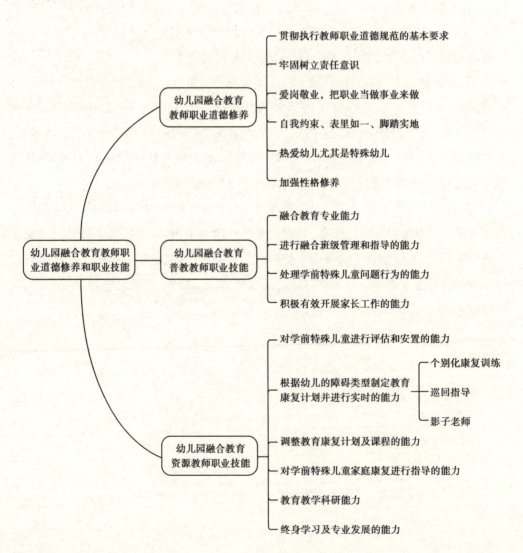

【小案例】

冬冬①

以前从未想过在 3 岁的年纪就让冬冬进幼儿园入托，毕竟冬冬情况特殊各方面发育较慢，加之冬冬是个敏感、慢热、怕生，还不太能自己大小便的孩子，担心他是否能跟小朋友愉快相处、吃饭吃不好怎么办。出乎意料的，冬冬居然在懵懵的状态下快速适应了班级环境，更幸运的是带班老师是周末参加亲子活动超有爱的媛媛老师，没有哭闹没有不安没有坏情绪几乎没有分离焦虑。入园后资源教室老师对孩子能力情况进行评估并制订个性化教案，与我们沟通交流，对于冬冬这样有一定学习能力，但又能力不足的孩子来说，有专业老师在身边进行辅助，从完全支持到不完全支持，再到他自己独立。通过这样一个渐进式的过程，冬冬可以慢慢融入集体，直至融入社会。

【大思考】

谈谈你心目中的融合幼儿园教师形象。

"融合教育"的基本前提认为，不应把特殊需要儿童隔离在普通学校之外，应为他们提供一个正常的环境，与其他儿童共同学习生活。因此在学前阶段设立融合幼儿园，并在其中开设融合班级是十分有必要的。在融合幼儿园和学前融合班级的设立过程中，教师起到尤为重要的作用。因此，推进融合教育的一项关键任务就是培养专业化的幼儿教师、帮助幼儿教师突破自身发展难关、支持幼儿教师的提升与进步。然而，在融合教育推进过程中暴露出诸多问题，例如专业性培训缺乏、社会认可度不高等，这直接造成教师对融合教育以及真正参与到融合教育工作中的态度处于矛盾的状态，他们虽然能够初步认识到融合教育价值，基本接受融合教育理念，但如果把有特殊需要的幼儿放在自己所教的班级中时，又表现出不情愿甚至抗拒的行为。

融合教育标志着人类的教育走向了新的文明与进步，要推行融合教育必须有一定数量规模和质量要求的既懂普通教育、又懂特殊教育的专业队伍来执行政府的方针政策，具体实施普通幼儿与特殊需求幼儿的日常教育与康复工作，保证幼儿教育的科学性、有效性，最大限度地发挥不同幼儿的潜能；指导不同幼儿的家长进行有效的家庭教育；号召各专业团体和群众组织充分理解、认同并合力支持融合教育。相关专业人员的参与是实现融合教育的必要条件，因此，融合教育的专业队伍建设就显得尤为重要。下面，将就幼儿园融合教育教师应具备的职业道德修养和职业技能做相关介绍。

---

① 本案例由昆明学院附属幼儿园冬冬妈妈提供。

第一节　幼儿园融合教育教师职业道德修养

所谓师德师风,即教师的职业道德修养及其表现出来的思想和工作作风,包括对政治的关心和了解、对职业的热爱和投入、对同事的团结和合作、对幼儿的尊重和爱护、对学术的严谨和进取,以及对自己的要求和自律等各个方面的综合状况。师德是教师和一切教育工作者从事教育活动中必须要遵守的道德规范和行为准则的总要求。

师德师风是教育改革和发展的原动力之一,是一个学校办学实力和办学水平的重要标志,是学校办学质量和效益的竞争力所在。教育发展以教师为本,教师素质以师德为先。师德师风决定着一个学校的学风和校风,决定着学校的精神风貌和人文风格。因此,加强师德师风建设是人心所向,众望所归,势在必行。

加强教师职业道德修养,是完成教师的崇高职责和历史使命的需要。在人类及教育进步的文明大潮中从事融合教育工作的人应当把自我塑造放在极为重要的位置,唯有如此才能无愧于人道的、爱心的、为人类服务的事业。

＞　一、贯彻执行教师职业道德规范的基本要求

身为教师要首先提高对幼儿园教师职业道德规范的认识,要正确理解和掌握教师职业道德规范的内涵和要求。对教师职业道德规范的理解和掌握是形成高尚师德品质的基础。其次要学习先进模范典型,通过学习优秀教师的高尚品格和先进事迹,把教师职业道德规范具体化、人格化,要从中受到深刻的教育,从而不断地加强学习,树立正确的世界观、人生观,提高师德认识和师德修养,积极抵制社会不良风气的影响,经常以师德榜样鞭策自己、评价自己,自觉遵守和执行教师职业道德规范。

＞　二、牢固树立责任意识

一个人的责任心如何,决定着他在工作中的态度,决定着他工作的好坏和成败。如果一个人没有责任心,即使他有再大的能耐,也不一定能做出好的成绩来。一个有责任心的人,一定会认真地思考,勤奋地工作,细致踏实,实事求是,做每一件事都会坚持到底,按时、按质、按量完成任务,圆满解决问题,一定能主动处理好分内与分外的相关工作。我们要牢固树立主人翁的意识,发扬主人翁精神,以高度负责的主人翁态度来对待自己的工作。既然是学校的主人,就应该是:

园兴我荣,园衰我耻。就应该努力做好自己的教学工作。现在有些教师没有把自己当作主人,把自己的教学工作认为是在帮园长打工,存在"雇佣心理"。平时我们常常听到:"我为谁干了多少事情,没有功劳也有苦劳"。其实说这种话的人,根本没有把

自己当作主人,相反地奴役了自己。

我们所从事的工作,是培养人才的工作,关乎党和国家的前途命运的问题,关乎中华民族继往开来,承前启后的文明传承的问题,又关系到学校的生命、生存和声誉的问题。因此我们的工作很重要,马虎不得。我们不要小看自己,妄自菲薄。管理学中的木桶原理启发我们:一个木桶由许多块木板组成,如果组成木桶的这些木板长短不一,那么这个木桶的最大容量不取决于长的木板,而取决于最短的那块木板。短了一块板,都会影响木桶的容量,更不用说少一块板了! 同样的道理:我们的教学工作也一样,需要齐心协力的团队,需要每个人全身心地投入,不能短腿,更不能缺腿。

＞　三、爱岗敬业,把职业当作事业来做

教育事业是造就人、培养人的事业,它使人摆脱愚昧,走向文明,它教幼儿学会做人、学会生活、学会生存、学会学习。我们投身于这个崇高的伟大事业,应该感到无上光荣,应该孜孜不倦地工作。像陶行知先生那样"捧着一颗心来,不带半根草去"。

我们对教育事业要有责任感,牢固树立终身从教的乐业精神,严谨执教的敬业精神,不甘落后的进取精神,不计得失的奉献精神。我们教师要热爱自己的职业,把职业当作事业来做。著名教育家吕型伟说过:"我深深地认识到,教育不只是一种职业,而是一种事业,职业可以讲代价,讲报酬,而事业则只能讲意义,讲献身。只有把教育工作当作事业,教师才能任劳任怨,不计得失,无私奉献,争取成功。才能善于学习,关注发展,迎接挑战,积极进取。"

因此我们要不断激发自己的工作热情,把全部热和爱都倾注在我们的事业上,奉献自己的力量。我们既然选择了教师这个职业,就要去做一个称职的老师,一个快乐的老师,一个幸福的老师。

＞　四、自我约束、表里如一、脚踏实地

教育教学有制度可循,有的教师不适应或者认为违反点规章制度没什么大不了的,是小事。上班迟到一点、下班早走一点,没什么,殊不知"千里之堤,溃于蚁穴",小事上放松自己,越放越松,到头来一塌糊涂。犯错误是正常的,更是可以原谅的,但绝不能表面一套,背后一套,要真诚坦荡,表里如一。做事情不能急功近利,走歪门邪道,要靠积极进取的态度,扎扎实实的工作赢得别人的尊重和认可。教育工作没有惊天动地的大事,往往都是些琐碎的小事,但就是一些不经意的小事,一次谈话、一个举动、一个眼神就能反映出一个教师的基本素养和工作态度。"举手投足,有善恶美丑,点滴之中,有是非荣辱"。

> 五、热爱幼儿尤其是特殊幼儿

热爱幼儿是教师做好教学工作的前提。爱生不仅是一种教育手段，更是教师高尚道德品质的表现。教师热爱幼儿在教育过程中起着十分重要的作用。师爱能使幼儿获得愉快的心理体验和幸福感受，是幼儿尤其是特殊幼儿身心健康成长的重要因素。师爱也是幼儿人格健康发展的条件。师爱会影响到幼儿对人情冷暖的感受与体验，他们会把这种积极的情感体验迁移到对他人的信任、尊敬和热爱上。师爱还可以换来幼儿的爱，幼儿往往因为喜欢教师而对教师所教的课程感兴趣，并努力学好它。所以师爱可以产生"爱屋及乌"的效果。

当然，爱不是姑息，不是迁就，"爱"是"严"的孪生兄妹，"爱"是"严"的基础。"严"是"严"在"理"上，"爱"中有"严"，"严"中有"爱"，幼儿就会顺利健康地成长。因此，教师应以高尚的教育伦理，宽阔的胸怀，去热爱幼儿，去塑造幼儿尤其是特殊幼儿的人生。热爱幼儿应将对幼儿的爱与严格要求结合起来，还要将爱与尊重、信任幼儿相结合，尊重幼儿的人格，保护幼儿的自尊心和自信心。只有全面关心幼儿尤其是特殊幼儿的学习及身心健康发展，才能成为幼儿人生道路上的引路人。

> 六、加强性格修养

教师是幼儿直观的、活生生的榜样。高尚的品格情操会给人以很大的影响，尤其在幼儿园教育阶段，他们善于模仿，教育者的一言一行、一举一动都会给他们留下深刻的印象，教师的思想品德、治学态度、行为习惯都对幼儿产生潜移默化的影响。"不能正其身，如何正人"，因此教师必须严于律己，言行一致，举止文明，为人师表。教师要注重自己的言行，以自己的言行举止和气质性格，潜移默化地影响幼儿，做到身教重于言教。教师还应具有宽广坦荡的胸怀，良好的品格，严谨的作风，只有这样才能正人、正己。

对处在性格形成时期的幼儿来说，教师性格对他们影响极大。教师性格和善、办事民主，幼儿的性格比较稳定、积极，态度友好；教师性格严厉，遇事专制，幼儿的情绪比较紧张，不是冷漠就是带有攻击性；教师性格冷漠、教育放任，幼儿的情绪也变得漫不经心，言行常处于放任状态。因此说，教师良好的性格是一颗种子，一旦播撒在幼儿的心田里，就会绽开出灿烂的花朵。

融合教育学校教师团队是学校融合教育实践的核心集体，融合教育学校教师团队包括普教教师与特教资源教师。只有各位教师都做好自己的本职工作，尽职尽责，并且与其他教师密切合作，形成普教教育教学、特教资源为一体的融合支持系统，才能收到融合教育实效。

第二节　幼儿园融合教育普教教师职业技能

融合教育是当今世界特殊教育发展的主流,把特殊需要儿童安置在普通幼儿园和一般儿童接受同等的教育。教育部 2011 年的数据显示,目前全国随班就读和附设特教班残疾幼儿人数占在校残疾幼儿总人口数的 56.49%。尽管如此,学前融合班教学质量仍然不理想。融合教育中推进教师队伍建设是关键,师资水平决定了融合教育质量的发展。

> 一、融合教育专业能力

目前在融合幼儿园中的班级教师,大部分为学前教育专业的毕业生,在面对学前特殊儿童时,缺乏相应的理论知识和实践经验。"非专业"让他们在面对孩子时往往束手无策。了解学前融合教育的政策,掌握学前融合教育的基本知识和技能是作为融合幼儿园普教教师的必备职业技能。

由于融合教育的特殊性,幼儿教师的岗前指导和入职后的培训进修就显得尤为重要。通过访谈,发现存在幼儿教师在面对融合教育中的棘手问题时无计可施的情况,尤其是年轻的教师业务不熟练,在工作中非常被动。对新入职的幼儿教师进行岗前融合教育专业知识的培训是每个融合幼儿园必不可少的一项重要工作,它能够让新教师尽快适应工作,学会专业理论知识,掌握专业操作技能。

> 二、融合班级管理和指导的能力

在一所融合幼儿园中,不仅有普通幼儿还有少数的学前特殊儿童。如何在班级中为所有儿童建立平等、互助、包容的德育环境,是老师们所必备的基本技能。作为一名融合幼儿园的教师,要做到能够有意识、有针对性地开展德育教育,创设德育环境。如今的融合教育所倡导的理念是双赢甚至是多赢的教育环境。融合幼儿园中受益的不仅仅是有特殊需要的孩子,更是普通孩子。在这样一个多样的融合环境中,我们的老师、全体幼儿、家长都得到了更多的收益。我们的普通孩子在包容他人、建立同理心、尊重、感受幸福和快乐、知足和满足等方面都比其他非融合的幼儿园中的同龄孩子表现得更明显。

作为一名融合幼儿园的普通班级教师,还应掌握基本的融合班级教育活动组织方法。在开展普通幼儿的各类活动时嵌入学前特殊儿童的活动目标与活动内容,非常考验老师们的教育教学设计能力。学前特殊儿童的班级活动目标首先需要由资源教师

的专业评估作为依据,结合幼儿自身能力及学习需求,班级教师在生活活动、户外活动、区角活动等环节中,与班级主题内容相适应,制订出融合教育方案。同时应把这一目标与幼儿家长、资源教师共同讨论,让幼儿把所学到的知识技能在生活环境中尽可能地进行多次巩固与泛化,最终实现在生活中可以使用。

融合班级中的教师还应具备对学前特殊儿童进行动态评估的能力。在一日生活的过程中,对幼儿各方面的能力进行过程性和阶段性的评价。掌握基本的科学评估方法,注重观察评估的重要价值。将评估与班级活动相结合,适时调整融合教育目标、活动内容与方法。

【小案例】

班级中的一日生活流程提示图①

对于特殊幼儿来说,他们不像普通幼儿一样能够主动跟随班集体的活动,尤其是孤独症的幼儿,不会理会老师和同伴的指引,在自己的世界里自由活动。例如林林总是会在教室各处跑来跑去,跳来跳去,躺在地上,滚来滚去,不管小朋友在干什么。为了能够指引融合幼儿有序参与班级一日活动,老师和班里的孩子们一起设计了一日活动的流程图,将晨检、早餐、教育活动、户外活动等做成图片按顺序排列。每天早上,班上来得最早的幼儿会将卡片按照一日生活流程排列好,融合幼儿进班后每进行完一个步骤,就将对应的步骤图拿下来放好,这样,他就知道自己该做什么了。有时,融合幼儿会出现情绪不稳定的情况,就由他的同伴带领去取卡片。

图 6-1　孤独症幼儿在操作一日生活流程提示图
（昆明学院附属幼儿园供图）

---

① 本案例由昆明学院附属幼儿园王秋撰写。

> 三、处理学前特殊儿童问题行为的能力

学前特殊儿童常常由于一些生理原因和能力的缺失,出现问题行为,这往往也是老师们最头疼的事情。大部分的特殊幼儿存在语言和沟通能力的缺失,在发生他们无法接受的事情时,这些幼儿没有办法清楚地向老师表达自己的感受,情绪无法得到恰当的释放,因此便出现了所谓的问题行为。作为融合教师我们一方面要关注幼儿的心理健康,另一方面还应了解他们身体、情感发展的特性和差异,分析幼儿出现问题行为的表象以及行为的功能,找到真实原因。

在处理幼儿的情绪行为问题时,教师要善于运用积极行为支持策略,帮助幼儿的问题行为得以改善。积极行为支持是一种系统地干预问题解决的模式,通过教师引导幼儿发展积极正向的行为以及对幼儿所处环境中的要素进行改变的方法,调整幼儿与环境的互动关系,达到减少、预防问题行为的发生。教师应能够分析、处理学前特殊儿童常见的情绪行为问题,引导幼儿学会正确的表达方式。

> 四、积极有效开展家长工作的能力

对幼儿的教育不是幼儿园单方面的工作,需要幼儿家长和幼儿教师的全力配合才能够完成,应该把家长和教师作为共同促进幼儿发展的主体来看。融合班级普教教师应不断提高自身积极开展家长工作的能力。目前所提倡的"家园互动""家园共育"都包含着幼儿家长支持幼儿教师工作的必要性。如果幼儿家长能够充分理解教师、相信教师,与幼儿教师的教育理念达成一致,在态度和行动上支持教师,那么这对幼儿教师的工作必定是一种极大的鼓励,使幼儿教师不再畏首畏尾,在对幼儿的教育上充分发挥作用,给幼儿的成长提供最大的帮助。然而,现实情况是,许多家长往往以自己片面的育儿观去质疑专业教师的工作,给融合教育的幼儿教师带来极大困扰。有学者就曾提出关于特殊幼儿"假性融合"的问题,从家长角度分析原因如下:由于家长的个人素养参差不齐,并不是每个家长都能以儿童发展理论的视角和科学的眼光去处理儿童发生的问题,因为家长本身所具备的教育技能是不足的。给从事融合教育的幼儿教师带来了诸多问题,其中既有来自普通孩子家长的问题,也有来自特殊孩子家长的问题。

普通孩子的家长给教师带来的困扰主要是配合教师工作的积极性不高,介意自己的孩子和特殊孩子在一起玩,若发生冲突对教师不依不饶,不积极配合教师工作。和普通幼儿的家长不同,特殊孩子的家长给教师带来的困扰主要是对教师期望值过高、急于求成,对孩子要求过高、缺乏耐心,与教师的教育方式不一致。除此之外,还存在对教师要求苛刻、轻视幼儿教师的职业(尤其对年轻教师轻视和不信任),把幼儿教师

当保姆任意使唤等普遍问题。

特殊幼儿家长可能没有很有效的育儿方法，因此对学校教育抱有很高的期望，希望短期之内就能看到孩子明显的进步。但特殊幼儿的成长和进步并不是一蹴而就的，需要经历漫长的教育和训练的过程。有些特殊孩子的家长会因为没有看到孩子明显的长进而产生懈怠情绪，比如配合幼儿教师工作的积极性降低，甚至由于心急忍不住斥责孩子，对教师的教育成果产生不良影响，阻碍孩子的进步。

第三节　幼儿园融合教育资源教师职业技能

融合教育资源教师是在普通教育当中提供特殊教育服务的人。有"支援"之意，指对融合教育，对普通教育，具体对学校、班级、教师、特殊需求幼儿、家长的支持协助，是特殊教育的主要负责人，承担着资源教室的主持人、建设者的责任，要进行资源教室的规划、建设和运用。资源教师是融合教育的宣传者，是咨询服务者、学校融合教育的规划抉择人，融合教育的执行人、协调和合作者。资源教师多由资深特教教师充任，也可由普教教师经特教培训后担任。

＞　一、对学前特殊儿童进行评估和安置的能力

资源教师应具备能够运用各类专业评估工具对不同障碍类型的幼儿进行教育和康复评估的能力，能运用多种评价方式对幼儿进行教育教学评价，运用观察、与幼儿家长及教师进行访谈、问卷调查等多种方法，以及客观比照评价标准来对幼儿进行教育评量。通过评价，正确科学客观地对待幼儿的个体间差异和个体内差异，明确差异对幼儿的学习能力、语言能力、运动能力、自理能力、社交能力的影响，据此确定幼儿学习及发展的方向，同时促进教学方式的优化。资源教师应根据评估的基本理念和自身经验准确解读报告结果，为幼儿制订个别化的教育康复目标和内容。

幼儿园是否接受学前特殊儿童入园，则应综合考虑以下因素：

（1）该名幼儿的障碍类型、程度。

（2）本机构现有学前特殊儿童，以及园所的接收能力和接收现状。

（3）家长的支持程度和家庭状况。

根据特殊教育教师精细化评估的结果，将学前特殊儿童编入班级，编班时综合考虑以下因素：

（1）按照学前特殊儿童的能力而非年龄安排融合的班级。

（2）综合考虑全园在各个班级的学前特殊儿童分布情况。

（3）考虑班级教师的融合教育能力。

（4）每个普通班级按照 7∶1—10∶1 的比例编入学前特殊儿童。

同时在编班后，资源教师需要与普通班教师、家长三方共同来制订特殊需求幼儿的发展目标，结合各方面的资源，普特结合、家园共育，齐心协力地为特殊需求幼儿创造良好的教育康复环境。

＞　二、根据幼儿的障碍类型制订教育康复计划并进行实施的能力

资源教师应制订符合幼儿身心发展阶段和年龄特点的个别化教育康复计划，选择基于实证的一系列教育康复策略和方法，促进学前特殊儿童的全面发展。并根据幼儿在教育康复过程中的具体表现，使用恰当的教育技术来支持幼儿的能力变化。

教师应创造适合幼儿发展，有效促进幼儿各项能力提高的教学情境和教育内容。为幼儿提供一个宽松、愉悦、安全的教育环境。运用各种教育措施激发学前特殊儿童的学习动机，提高他们学习的主动性，调动学习的积极性，让幼儿在自然的、有准备的教学环境中，潜移默化地接受教育内容。

资源教师要运用特殊教育理论知识和实践经验，根据幼儿的学习特点和已有经验，选择适合幼儿能力发展并与之相匹配的教育康复技术和手段，科学运用提示、辅助、强化等多种教学策略来帮助幼儿。再结合幼儿的班级教学活动和离园后的生活活动，针对幼儿已掌握的能力在真实的社会环境和家庭环境中进行实际运用。

（一）个别化康复训练

资源教师除了开展班级的集体教学以外，还要根据学前特殊儿童的自身情况，定期为他们开展个别训练服务。资源中心每个老师都有自己擅长和主要负责的领域，如：言语、认知、语言、感觉统合康复等。家长针对孩子的情况选择个训老师，老师针对幼儿选择适合的科学的方法，每天半小时针对性地康复训练，定期或不定期地和家长进行沟通交流，家长回家进行巩固强化。资源中心个训教师将个训内容告知幼儿所在班级的老师，所在班级的老师也积极配合，使康复效果最大化。

（二）巡回指导

资源教师定期或不定期开展巡回服务，对学前特殊儿童提供部分时间的抽离式或外加式的直接教学服务，或与普通班教师、家长讨论学前特殊儿童的辅导策略，提供间接的服务。

巡回指导服务由资源教师承担，主要工作包括：

（1）按照计划表到各个有学前特殊儿童的班级进行巡回,观察特殊幼儿在集体课、区角活动、户外活动以及生活活动中的行为表现,及时处理孩子出现的行为问题,必要时辅助孩子参与集体活动,与普通班的老师沟通交流,了解孩子的融合情况并做好巡回记录。

（2）不定期到有学前特殊儿童的普通班级对学前特殊儿童及普通班教师直接或间接进行教学辅导。

（3）依据幼儿的个别化教育目标,辅助普通班教师完成教学目标的制订和完成。

（4）召集普通班教师和家长,撰写幼儿在园一日生活作息的融合要求,督促普通班教师和家长按照要求严格执行。

（三）影子老师

影子老师在融合课堂中的作用主要是辅助任课教师的教学,满足学前特殊儿童的各种需求,促使有特殊需求的幼儿更好地融入课堂中。

影子老师由资源教师兼任,在幼儿进入普通班级初期,影子老师跟随幼儿进班,帮助幼儿在新环境中尽快建立生活常规和课堂常规,当幼儿适应普通班生活后,影子老师便开始撤出。影子老师在提高幼儿融合质量的过程中担任着重要的角色。

> 三、调整教育康复计划及课程的能力

资源教师充分利用各类教育资源,选择并调整教育教学的具体目标和内容,采用不同目标、不同要求、不同内容、不同方式来撰写教学设计。做到一人一目标,一人一方法,相同教学材料,不同教学内容,不同教学标准。根据学前特殊儿童的已有经验和实际需要,在学习的方式、内容、深度、广度等方面做适当调整,在明确关键能力的前提下,根据学前特殊儿童的个体特点,设计可选择的教育康复方式和内容。在教育康复过程中,适时调整教育计划,确保各项教育支持手段能够有效支撑幼儿的发展,并为幼儿转衔能力做好充分准备。

特殊教育教师在精细评估结果的基础上为每个学前特殊儿童制订适合其个人发展的个别化教育教学计划（IEP）,制订时注意以下要点:

（1）每个学前特殊儿童都有一份属于自己的适合的 IEP,尊重个别差异,允许其按各自的学习速度前进;根据学前特殊儿童的发展需要确定其学习内容和目标;根据学前特殊儿童的能力确定其学习速度和难度。

（2）全面、系统、科学地了解学前特殊儿童,并且注意确保信息的真实性。

（3）个别化教育计划要具有针对性和可操作性;目标制订要合理,是最适合其发展的目标。

个别化教育长短期目标　　　　　幼儿姓名：

领域	长期目标		短期目标		负责教师	教学情境	教学	测评	完成
1.感官知觉	1.1	提升触觉的运用能力	1.1.1	能以触觉分辨大小					
			1.1.2	能在老师提示下指出前一个活动的物品					
	1.2	提升本体的运用能力	1.2.1	能整合各种命令、感觉，做出动作计划					
2.粗大动作	2.1	提高运动与游戏技能	2.1.1	能准确地丢球、接球、投球					
			2.1.2	能模仿做各种垫上运动					
			2.1.3	能在老师的协助下完成简单的绳类游戏					
			2.1.4	在老师的提示下依指定规则完成游戏					
3.精细动作	3.1	提高作业能力	3.1.1	在老师的协助下能依上下或左右之简单顺序工作					
	3.2	提高工具的应用能力	3.2.1	在老师的协助下能正确使用多种文具					
			3.2.2	在老师的协助下能仿画直线、横线					
			3.2.3	在老师的协助下能依直线剪纸					
4.生活自理	4.1	提升穿着能力	4.1.1	能自己穿戴二至三种衣饰配件					
			4.1.2	在老师的提示下能自己使用雨伞和雨衣					
			4.1.3	在他人的提示下能自己挑选适合的穿着					
4.生活自理	4.2	提升身体清洁能力	4.2.1	能自己主动卷袖子并洗手					
			4.2.2	在他人协助下可以自己刷牙					
			4.2.3	能自己简单地洗澡洗头					
			4.2.4	在他人的协助下能自己处理或预防脏物品沾到身上					

（4）制订的 IEP 目标要与普通班的教学目标相结合，并做好目标分解。

（5）IEP 的制订和实施需要所有人员的参与（教师、家长、社区）。

（6）根据幼儿的优弱势项目对其急需发展的能力进行全面的了解，先提升其急需发展的能力。

（7）对 IEP 的描述，语言要简明，内容要全面，避免重复啰嗦。

> 四、对学前特殊儿童家庭康复进行指导的能力

对融合幼儿园学前特殊儿童来说，除幼儿园教育康复训练之外，家庭的支持与日常生活训练非常重要。学前特殊儿童父母如果能够给予幼儿适当的反应和互动，提供愉快的生活环境，随机指导幼儿学习和提供足够的语言刺激，则有助于学前特殊儿童在认知、沟通及社会适应等能力的学习和发展。因此，除了提供学前特殊儿童个别化的教学和服务外，我们非常重视和兼顾家庭的需求，并提供相关的支持与服务。

作为资源教师，要在充分了解学前特殊儿童家庭的前提下，建立与家长的合作关系，为家长提供支持服务，促进家园共育，做到：

（1）尊重家长，积极倾听家长观点。

（2）明白家长的需求会随着幼儿的成长而变化。

（3）保持和家长的有效沟通，为家长答疑解惑。

（4）为家长提供家庭康复的知识和技能，指导家长进行家庭干预。

（5）定期召开家长座谈会，增强家长对自己孩子在园情况的了解。

（6）通过多种形式的家园合作和联系，沟通家园的教育信息，以达成家园合力的教育效果。

关注家长的心理需求，指导家长在新时代的环境下做一名成长型家长。即成为一个有定力、善学习的家长；一个理性、能现实地面对孩子的家长；一个敏感体验生命现象、反思自我和人生价值与意义的家长。

> 五、教育教学科研能力

过去大家普遍认为，作为一名教师只要做好教书育人的任务就可以了，学科知识的理论研究和创新交给高校的教师和科研人员。但是作为一名新时代的教师，面对复杂的社会问题对教育问题带来的交互影响，我们必须要能够用学科理论知识来分析问题、解决问题，而不是依赖于等待。这就迫切地要求每一位教师都要尽快地提升教育教学科研能力。

科研不一定是专业理论知识的驳斥和创新，当代的资源教师应立足于工作中出现

的实际问题,解决教学中的实际矛盾,以此来进行科研,用问题来促进科研的实施,以解决问题来提升科研的能力,以问题解决的效果来提高进行科研的动力。以实际工作中出现的问题为导向,引领教师进行科研,不仅让老师在工作中更轻松,同时也让幼儿的成长更迅速。

> ## 六、终身学习及专业发展的能力

作为一名资源教师,应及时了解和掌握学科知识的最新研究成果,学习先进的教学技术,不断提升自身专业理论水平,主动寻找并积极参加各类培训及学习活动。要谨记教师职业伦理,时刻践行教师职业道德,在面对学前特殊儿童这类特殊的儿童群体时,以爱为出发点,以专业知识和能力为支撑。遵循特殊教育领域与大教育领域的理论知识和职业道德要求,进行教育指导活动,积极参加各类教研活动,利用网络等媒介方式,增加自身的专业知识,提升教育康复的实践能力。从心理学、社会学、环境学、教育学等多种学科知识出发,抱有终身学习的态度,并内化为自身教育的力量。

第七章
学前融合教育中的家长

◎ **本章聚焦**

　　1.特殊儿童家长的心理历程

　　2.特殊儿童家长的心理建设

　　3.特殊儿童家长的育儿策略

◎ **本章结构**

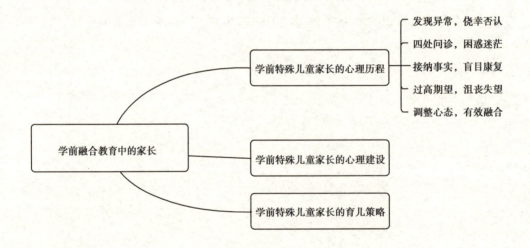

【**小案例**】

军军的入园之路①

　　军军5岁,是一名自闭症幼儿,现在上小班。评估时,军军爸爸妈妈回忆起军军艰难的入园之路,曾几度哽咽,泣不成声。军军2岁多时爸爸妈妈发现孩子异常,在儿童医院诊断结果显示:智力低下(中度);0~6岁儿童发育检查综合评定56分:适应性中度发育迟缓,大运动轻度发育迟缓,精细动作轻度发育迟缓,语言中度发育迟缓,社交轻度发育迟缓。军军3岁半时,儿童医院出示诊断证明:孤独症谱系障碍。军军爸爸妈妈比较重视军军的早期教育和干预,有一次,听朋友说,某市有一种针灸和中药可以

---

　　① 本案例由昆明学院附属儿童发展中心王姗撰写。

治疗孤独症,军军妈妈连夜订票带着军军去治疗,一周之后依旧无效,最后因无力支付异地高额的费用而回家,事后3个月通过新闻才知晓自己被骗了。

军军2岁多在一个早教中心接受感统训练、全脑开发课程学习,3岁2个月时前后就读机关幼儿园(1周)和某民办幼儿园(2周),皆因适应不了环境被幼儿园劝退。于是,军军妈妈辞去工作,全职带着军军一边四处求医,进行密集型康复,一边寻找着可以接纳孩子的幼儿园。一次在地铁上,原本身心疲惫的军军妈妈突然听到有两位妈妈提及某幼儿园正在招特殊幼儿,军军妈妈赶紧向他们询问了解详细情况。在多方打听与奔走后,军军被妈妈带到了该融合幼儿园,军军也通过了幼儿园的入学评估,于2018年9月1日正式入园。

【大思考】

1.特殊儿童家长会经历怎样的心理历程?

2.很多发育迟缓的幼儿是否与父母养育方式有关?

第一节　学前特殊儿童家长的心理历程

每一个特殊儿童成长的背后,家长们都经受着无数次的考验与磨练,焦虑、怀疑、自责、无助、幻想、悬而未决、否认、内疚、愤怒、伤心、绝望、痛苦等心理困境,经济与精神压力大、家庭矛盾多、个人心理冲突、社会接纳不够……他们承载着巨大的精神和肉体压力,经历着漫长而艰辛的心灵跋涉过程。一般来说,特殊儿童家长会经历以下五个阶段的心理路程。

＞ 一、发现异常,侥幸否认

娇儿出生,家长们满心欢喜,为儿兴奋为儿忙,心血浇灌着花朵,喜悦和忙碌托起了人生希望。孩子在快速地成长,但作为特殊孩子的父母却有多少疑惑才下眉头、又上心头。

孩子已半岁了,为什么无法与人目光对视;八个月了,为什么还不会爬;已经一岁多了,为什么还不会说话;快两岁了,为什么孩子既不能按指令做事,也不会连续地模仿你的动作;为什么他整天就是嗑牙或旋转物体(身体),不懂得与人交流,不会与人沟通,不懂得危险,无法了解冷、累、饿的意思,不会表达自己的感觉和要求;除了睡觉,整天跑来跑去、爬上跳下,没有一刻的安静;动作刻板,行为怪异,叫他也不理你……

太多太多的特别,太多太多的疑问,弄得父母们好焦虑、好疲惫。家长往往会自我安慰或者选择非专业人员(如周围邻居或亲朋好友)的安慰,依存侥幸心理:"孩子还小,再大点就会了!""我的孩子有个性,就是与众不同""遗传吧,孩子他爸小时候说话就慢"……

> 二、四处问诊,困惑迷茫

伴随孩子越长越大,孩子的异常行为并未减少甚至越来越多、愈发突出,孩子被排斥、被指点,孩子的异常行为表现也越发引起了家长的担忧和焦虑,于是家长开始寻找各种资源了解孩子行为异常的原因和解决方法。

提到问题,想到的是孩子生病了,生病便四处求医问药,弄得身心更加疲惫不堪。有的结果的是来自医院的一纸诊断书,孩子的病症是"儿童孤独症""发育迟缓""智力障碍"……甚至提及这是一种无药可医,且相伴终生的疾病。

当特殊儿童的病因和病情被确诊,所有对孩子和家庭的美好期待和人生规划即将成为泡影,家长会感到极度震惊和恐惧。为了缓解压力,家长往往对各种信息进行选择性认知,采用否认的反应策略。如有的家长会质疑医生的专业水平,重新寻找医疗机构进行诊疗。有的家长则会选择性地强调孩子的某些行为或特征,并以此否定医生的评估结果,为自己燃起一点希望。一位听障儿童的奶奶表述,孩子的特殊行为早在6个月时已经表现出来,但家长真正开始关注孩子的特殊行为是在1岁8个月以后,2岁4个月才进行干预治疗。

长期被劳累和焦虑折磨的家长们,刚刚从疑惑中解脱出来,就又一头栽进了绝望和痛苦的深渊,极度的痛苦感、沉重的自卑感和无力感,失去了生活的勇气和力量。无论如何,总算知道孩子哪里出了问题,暂且接受现实。

> 三、接纳事实,盲目康复

父母们接受事实,选择了康复。他们忍受着深深的痛苦,开始了寻找能够帮助孩子的道路。于是,一大批特殊儿童康复训练机构成了家长们调整心态、找到介入方法、帮助孩子康复的可信赖的后援组织。

当看到评估结果或是训练内容时,又高估孩子的能力,觉得孩子都会,是机构不专业。或者急于求成,责怪孩子康复效果过于缓慢,三番五次地更换康复机构和康复教师……

> 四、过高期望,沮丧失望

处于此阶段的家长会产生强烈的情绪变化,会对医疗诊治的效果产生怀疑,对自己奔波于医院之间的行为产生犹豫,对特殊儿童的病因病情和康复机构产生疑惑。

　　加上长期奔波在工作和康复机构之间,经济、家庭压力使家长筋疲力尽,而特殊儿童,尤其是患有脑瘫、智力残疾和孤独症的特殊儿童无法在治疗过程中获得长足的进步,常常让家长感到生气和愤怒,感到生活无奈甚至绝望。这个阶段家长会陷入深深的自责或互相埋怨的情绪中,有的会整夜失眠、痛苦不堪。家庭成员对待特殊儿童的医疗态度和今后的成长之路也会在此阶段发生动摇和分歧,很多家长会产生放弃治疗甚至放弃养育孩子的想法。如果父母有一方真的放弃对特殊儿童的治疗和养育,对另一方则是更大的精神打击,产生极大的无助感。

＞　五、调整心态,有效融合

　　孩子经历着数年的康复训练,家长们抱团寻求康复对策,慢慢调整心态,降低康复期望,勇敢面对他人异样的眼光。慢慢尝试与康复师交流沟通,将康复内容融入生活、融入家庭之中。一日皆是康复时间,随处可为康复场所,可见之处皆为康复内容。

　　家长们知道康复需持之以恒,不可急于求成,不能揠苗助长。训练的目标、要求应和孩子的年龄、能力相匹配。只有坦然接受,调整心态,配合幼儿园,配合老师,有效康复融合,孩子的康复之路才真正步入正轨。

第二节　学前特殊儿童家长的心理建设

　　融合教育的目标是不仅在普通学校中教育学生,还要在他们的家庭和社区继续维持教育的过程。审视儿童的生态背景,如图 7-1 所示,我们会发现,家庭是儿童发展和成长的重要场所,是儿童向学校和社区扩展的主要桥梁;父母是学前特殊儿童的重要资源,为孩子的生活和成长提供长期且稳定的支持,在特殊儿童的测评、教育、康复训练以及安置等方面均有着不可或缺的作用。学前特殊儿童家长不仅是孩子的照料者、监护者,更是教育参与者、决策者、家校合作者,父母的言行举止、教养方式都会对孩子产生重要的影响作用。因此,在融合教育的过程中,积极的家庭参与和支持是非常重要的,家庭有权利和义务参与到融合教育中,并且发挥家庭的积极作用。

　　但鉴于特殊儿童的特殊性,特殊儿童在生活照护以及家庭教育方面给父母及家庭提出了不小的挑战,特殊儿童家长除了要应对其他家庭常面临的压力外,还要承担更多养育特殊儿童的额外压力,除此外,还有来自社会偏见、不理解、不接纳等方面的压力。雷江华论述了特殊儿童家长在教育中的角色定位:"抚养者""教育者""研究者"

"管理者"和"学习者"。因此,这些都会造成特殊儿童家长面临的困境。这些困境包括对特殊儿童不合理的期望、对特殊儿童心理及生理特点的不了解、缺乏系统规划特殊儿童的教育、缺乏特殊儿童教养知识等。

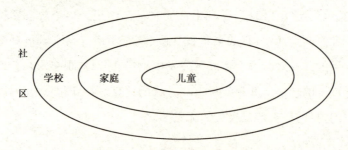

图 7-1   特殊儿童的生态背景

(柯克著,韩福荣等译.特殊教育概论[M].台北:双叶书廊有限公司,2011:11.)

> 一、学前特殊儿童家长的心理压力

在普通的家庭生活中,也会面临压力事件,但大多都只是在一个时间段内,或者这些压力事件是可预期、可选择的。但是学前特殊儿童家庭所面临的压力大多是长期持续的、不可预期的,更是无法选择的。随着孩子的成长,家庭的压力源也在不断改变,综合已有的一些研究,特殊儿童家长所面临的心理压力主要体现在以下几个方面。

(一)常见的心理冲突和负面情绪

某些特殊儿童由于基因遗传,或是母亲孕期不当行为引起,会使父母对孩子产生自责甚至抑郁情绪。但一些特殊儿童(如孤独症)的患病原因并不明确,孩子突然的降生会给原本怀着喜悦、期盼的家庭带来一个突如其来、不堪重负的打击。一般来说,特殊儿童的父母对孩子的残障或障碍事实会有否认却又无法否认的矛盾情绪,长期的心理冲突会造成自责、焦虑、无助、抑郁等负面情绪和压力。

另外,一些特殊儿童的疾病诊断和发展本身就具有不确定性。比如孤独症、多重障碍类型等本身具有不易确诊性,随着孩子的发展,所呈现的症状表现也会有所变化和不同,这些都对家长的心理造成冲击和煎熬。特别是特殊儿童的康复治疗过程往往是持续而漫长的,离开医院并不代表病程的结束,而是另一个阶段的开始,如果缺少整体性、持续性和系统性的医学康复和教育,孩子的障碍情况会长期持续甚至恶化,这些都是家长心理压力的来源。

(二)社会及人际关系的压力

由于特殊儿童的一些异于普通儿童的特殊语言或行为表现,家长往往要承受来自

于他人不理解甚至反感、厌恶的目光。他人对自己孩子异样的目光和态度,会造成特殊儿童家长尽量回避带孩子外出,减少与外界社交的机会。由此可见,社会大众对特殊儿童的认知有限、对特殊儿童的接纳度以及社会福利保障的不充分,这些也是特殊儿童家庭的压力源之一。

(三)家人分工及经济压力

由于孩子的特殊性,家庭系统往往会发生变化,如夫妻双方无法很好地分工合作、无法分担照顾教养责任,或者有的夫妻相互指责、埋怨影响了夫妻关系,甚至有的父母不愿承担责任导致婚姻破裂。除此外,一些障碍类型严重的特殊儿童父母往往被迫选择一方放弃工作或更换工作,以便能更好地照料孩子。同时,还要承担长期高昂的医疗康复、个别化训练、教育等费用,这些都让很多家庭不堪重负,家庭的生活质量会下降。有研究表明,家庭收入也是造成家长在心理调适上的重要影响因素,一般来说,家庭收入越低,压力越大。

(四)缺乏相关教育教养知识

当特殊儿童家长对自己孩子的疾病知识缺乏了解,无法获取有效的照料、护理及康复信息,或对医疗康复、照护人员及特殊教育教师缺乏信任时,都会产生焦虑情绪。一些特殊儿童的健康状况复杂多变,或存在情绪行为问题,或伴随其他器官的病变,或因服药造成的副作用,或需要频繁康复训练,这些都会造成家长的压力不断增加,甚至为了照顾孩子,产生身心不适的症状。再加上许多特殊儿童理解和表达言语有限,心智落后等,也很难准确、清晰地表达自己的需求,这些都会影响父母与孩子有效的互动交流,特别是中重度孤独症孩子的家长会因为孩子本身缺少目光接触、共同注意及分享交流的能力而产生失落、无助甚至绝望的心理。

(五)对未来安置的担忧

一些特殊儿童存在终身无法生活自理、融入社会、学校的情况,因此父母会对孩子的未来产生担心、焦虑、无助的心理。很多父母会担心如果自己生病、死亡,无法再继续照顾孩子,那么孩子怎么办?还有一些特殊儿童因自己发展水平受限,无法进入普通学校接受融合教育,只能进特殊教育学校,一些特殊学校只接受低年龄段的儿童,随着孩子慢慢长大,就会面临没学可上,又无法进入社会工作的困境,很多家长都表示最担心孩子的未来发展和就业问题。

＞　二、学前特殊儿童家长的心理调适

鉴于以上种种特殊儿童家长会面临的心理压力,如何帮助他们尽快调适,充分发

挥家长照料和教育的双重职能,已经成为很多研究者关注的问题。综合中外研究的结论,将从以下四个方面来谈。

(一)家庭情感支持

家庭成员之间的情感支持对缓解和调适特殊儿童家长的心理压力起到非常重要的作用。孩子的残疾并不是夫妻一方的责任,照料孩子也不只是夫妻某一方的责任。面对无助而不幸的孩子,夫妻之间的相互埋怨和争吵只是徒劳且有害的。家庭成员内部应多包容、多理解、相互体谅、相互支持,共同分担责任,共同走出低谷期。家庭成员的亲密关系有利于特殊儿童家长放松心情和舒缓压力,共同面对孩子的教育与康复问题,为孩子营造一个温馨和谐的家庭氛围和环境。例如,一起讨论和制订适合整个家庭生活的抚养计划、作息时间、家务和照顾孩子特殊需要的分工安排等。

(二)社会服务支持

社会服务支持包括为特殊儿童家庭提供经济补贴或公益补贴、提供相关专业服务和帮助,特别是社会环境对特殊儿童家庭的理解、宽容和接纳,能够同理家长的心情,用不指责、不歧视、不排斥的态度真诚地欢迎他们与我们共处社会中。社会服务支持是影响特殊儿童家长心理健康状况的重要因素之一。已有研究证实社会支持是影响多动症儿童家长心理健康状况的重要因素,这与把多动症儿童的行为问题(如注意力缺陷、活动或冲动行为过度等)的原因错误归咎为与家长的教养不当、缺乏管教等有关。还有研究显示特殊儿童家长的SCL—90总分与社会支持呈负相关,即家长获得社会支持越多心理健康水平越高。特殊儿童家长本就面临特殊儿童的照护和养育问题而倍感压力,如果再遭到外界的不理解、排斥甚至侮辱,则更容易造成家长的心理问题。良好的社会支持可以为特殊儿童家长创造宽容、理解、和谐的社会大环境,还可为特殊儿童父母提供一些特殊经济补贴和公益帮扶,在一定程度上缓解特殊儿童家庭的精神压力和经济压力。

为了让更多的人对特殊儿童及其家庭有一个正确的认识和理解,可利用传媒向公众普及特殊儿童的相关知识。特殊儿童的家庭在经历孩子"特殊性"这一创伤性事件后,若能从亲戚、朋友、社区以及社会中获得更多的被理解、被支持的情感体验,那么也会帮助他们尽快地走出负面情绪,积极正面地面对,有效的承担起父母对特殊孩子的教养功能。其次,可结合特殊儿童家庭的实际需求给予支持,如建立家长发展中心组织、家长中心技术辅助联盟、家长心理疏导中心等,为家长参与到特殊儿童的教育与康复训练提供信息服务及技术支持,提高家庭教育功能,缓解家长教养压力。另外,社区也可以成立一些可供特殊儿童家长相互学习、交流和分享经验的平台组织,如家庭联谊会、家长资源中心等,帮助特殊儿童家长以更积极正面的心态参与到孩子的教育康复中。

(三) 自我理性支持

特殊儿童父母的自我支持在其中起着非常重要的作用。无论是面对普通儿童还是特殊儿童,父母的自我成长都是一个永恒的主题,没有谁生来就知道如何当父母。做父母是需要学习的,父母不断突破自我,不断学习,做好榜样,与孩子一起成长,那将是父母能给予孩子最好的礼物,相信父母的乐观、积极、不放弃、努力上进的品格也会对孩子的人格发展产生非常重要的影响。

不要有自责、内疚感。如果已经确定孩子属于特殊儿童,家长就应该面对现实,首先父母不管孩子是否是特殊儿童,每一个孩子是有感情、有思想、有个性的独立个体,特殊儿童亦如此,他们和普通儿童一样有权利享受有意义的生活。父母千万不要怨天尤人,或者怀疑自己,否定自己和孩子,带着内疚或自责与孩子相处。要接受孩子的特殊性,就像任何疾病一样,都有可能发生在任何一个家庭,疾病不是耻辱,只是不幸,需要我们勇敢面对它,接受它,尽力去解决并降低困难的程度。

特殊儿童的父母多半经历挫折、否认、自责、忧伤、无助、接纳等心理历程,这些阶段性的心理反应都是正常的,但终究必须从压力中振作起来,克服自己的心理困扰,接纳孩子,同时也是接纳自己,将负面情绪转化为积极的态度。在医疗康复专业人员、特殊教育教师等的帮助下,以及家人的支持下,了解孩子障碍类型及身心发展特点,学习一些照护知识;参与相关的社会团体活动,获得同伴互助支持,积极获取社会资源;投入生活,不断调整亲子关系和夫妻关系;在帮助孩子发展的同时,也要不断提升自我,更新观念和认知,特别是调整对孩子的不合理期待,面对现实,基于孩子自身能力现状找到合理的期望,多看看孩子的闪光点,只要孩子在进步就值得表扬;在与孩子的相处磨合中,不断调整与孩子相处、沟通交流的积极有效方式,改变对待孩子的方式,维系良好的亲子关系。应该看到特殊儿童家长的心理调适主要依赖于家长自身的调节,如正确看待子女的障碍问题、设定合理的康复期望、营造良好的家庭氛围、合理利用社会资源等。

另外,教养特殊儿童不是立竿见影、一朝一夕的事情,在这个漫长的过程中,父母在照顾及养育特殊儿童的同时也不应该放弃自我发展的机会,努力工作,热爱生活,结识朋友,发展自己的兴趣爱好,培养乐观开朗的个性。情绪低落时要学会与人倾诉和沟通,疏解心中的烦恼和压力。一定要为自己留一点私人时间,而不是完全地奉献自己,父母也应该意识到自己的其他需求,兼顾其他社会角色,保持生活的平衡。相信父母乐观豁达、积极向上的人生态度会渗透在生活的方方面面,体现在父母的言行举止中,这些都会对孩子的成长发展起着至关重要的作用。

(四)提升父母自我效能感

自我效能感是班杜拉社会认知理论的核心概念,指个体对自己是否有能力完成某一项行为所进行的推测和判断。学者江琴娣和易立新将特殊儿童父母自我效能界定为:特殊儿童父母对自己成为有效的父母角色的能力信念,以及由此对孩子的行为和发展产生积极影响的能力信念,是一种具有综合性及整体性的自觉能力。

有学者研究发现,父母自我效能信念对其教养行为有显著影响。Hudson等人在研究父母自我效能时发现,当父母在参与亲职时,如果能感觉到做父母是件胜任愉快的事,他对自己为人父母的角色就比较满意,并且觉得自己有能力当个好父母。反之,则可能会对自己的亲职角色产生自责、沮丧的感觉,甚至可能影响日后的亲职模式及亲子互动形态。即父母自我效能与父母能力成正相关。父母自我效能与患儿的康复也有着明显的关联。

那么如何提升父母的自我效能感?首先,父母应该保持不断地学习和成长,也可多寻求专业人士或教师的帮助,只有了解了自己孩子的身心发展特点,以及相关专业的知识,才能在家庭教养中有科学的方法指导,从而提升自我效能感。其次,应不断累积成功经验,世上没有完美的父母,只要自己在教养孩子当中有所进步,就应该给予自己肯定,夫妻之间更应该相互鼓励和赞赏。习惯用成长型思维去看待教育中的问题,做得不好的多反思、学习、提高,做得好的就应该及时给予自己肯定,也可将自己的经验分享给其他家庭。另外,家长应主动参与到孩子的教育和发展过程中,体验到教养的意义和价值,不仅增加了解孩子和学习技巧的机会,也让家长增强了对自己的信心和对自己能力的肯定。

(五)寻求专业心理咨询服务人员的帮助

如果家长的心理问题或障碍已经达到一定严重程度,通过其他渠道及自己调适也无法得到缓解,那么寻求专业心理咨询师的帮助也是一个非常有支持性及有效的方式。有学者研究表明,运用合理情绪疗法、叙事治疗、团体辅导等方法可以有效改善特殊儿童家长的负面情绪、提高积极应对问题的能力。同时,鉴于特殊儿童家长个体的差异与需求的不同,应注重团体辅导与个体咨询相结合的形式为家长提供支持。

第三节　学前特殊儿童家长的育儿策略

教育常见的三种形式分别是学校教育、社会教育和家庭教育,这三种形式相辅相成,共同对儿童的成长与发展起着重要的作用。其中,家庭教育相较其他两种形式的教育,又体现出它的独特性、重要性和不可替代性。因为父母是孩子的第一任教师,孩子与父母相处时间最长、最密切,父母的言行都在潜移默化地影响着孩子。因此,家庭教育呈现出率先性、深刻性、终身性等特点,无论对普通儿童还是特殊儿童都具有极为重要的作用。而鉴于学前特殊儿童在生理、心理上的局限性,这给他们在日常生活的各个方面都带来了不利的影响,与人交往时往往存在一些障碍或困难。家长是他们最亲近的人,是每天和他们生活在一起的人,所以就更需要家长能够理解、关怀他们,对他们施以有效的教育,因此,家庭教育对学前特殊儿童来说更显得尤其重要。

> 一、接受现实,争取黄金治疗康复时间

对特殊儿童进行早期治疗和干预不但可以减少未来家庭的医疗成本和教育成本,同时也可以减少社会成本,而且最重要的是,孩子的黄金治疗时间很短暂,家长若能早点面对并接受现实,及时带孩子进行早期治疗和干预,就能为孩子争取到最宝贵的时间,取得良好的康复治疗效果,有益于孩子一生。

> 二、坚持正面管教,以平常心面对

父母要善于发现和重视孩子的优点和进步。世界上没有两片相同的树叶,也没有两个完全相同的孩子,所以,无论是普通儿童还是特殊儿童,每个孩子都是独一无二的,每个孩子有各自的优点和缺点,每个孩子都有自己的气质类型、性格和学习风格。所以父母在观察、注意和发现孩子优点和进步的同时,要多给予重视、温暖和鼓励,以增加孩子的自信心、发挥孩子的潜能。

家长和子女间有着特殊的情感纽带,家长对子女的态度不同,会引起子女不同的反应,从而对子女身心发展起着重要作用。而一些家长由于文化水平不高,对子女的教育态度存在误区:首先,在行为上溺爱孩子。孩子有残疾,一些父母认为孩子可怜,或者认为自己对不起孩子,为了弥补自己心中的内疚,就尽量满足孩子的愿望,整天形影不离地照顾孩子,为孩子做任何事情,包办代替,孩子要什么就给什么,不加约束和管教,甚至不忍心让孩子去学校上学。其次,对孩子放任自流。有一些父母因为不能面对现实,拒绝、冷落甚至厌恶残疾的孩子,嫌弃他们,认为特殊儿童给自己丢脸,甚至认为孩子是累赘,不对其寄予任何希望,对孩子视而不见,听之任之。把孩子关在家里,只养不教。以上这些做法都是不正确的,非常不利于孩子的成长和发展。

事实上,父母应该有计划地安排孩子的日常生活,包括短期、长期的学习计划,帮助孩子养成规律的生活作息和健康的行为习惯。尽量让孩子多做一些力所能及的事

情,注重培养孩子的生活自理能力,带孩子多参与一些适合的社会活动,教会孩子与人交往的技巧和注意事项,培养社会交往相关能力。总之,父母要以"平常心"来看待特殊儿童,既不要给他们特权,也不要放弃他们。

> ### 三、重视亲子关系,关系大于教育

如果把教育比作建一座高楼大厦,那么关系就是其中的最重要的基石。一些家长也会学习一些育儿策略,但说不管用,在自己孩子身上不起作用,这可能是教育的前提条件——亲子关系出现了问题。孩子只有喜欢、尊重和欣赏自己的父母,才愿意听取父母的建议,父母的话语才能起到作用。所以,作为父母我们首先应该学会做孩子的朋友。但这不是一朝一夕就能实现的,需要一个过程。父母首先要信任、理解自己的孩子,当他遇到困难和挫折时要激励和宽容他,愿意倾听;第二,多花时间陪伴孩子。孩子是需要陪伴的,如果家长总是忙于工作而忽视了与孩子的沟通和陪伴,那么,一定会影响到孩子的成长过程;第三,用积极的心态感染孩子。家长如果每天能够以一种积极向上、乐观开朗的心态去面对生活的话,孩子必然也会养成积极乐观的性格;第四,多鼓励孩子做自己喜欢的事情。如果孩子喜欢做一件事情,家长无论如何都应该创造条件,让孩子去做,多鼓励孩子有勇气去战胜一些困难和挫折;第五,做民主的父母。家庭教养的方式可以分为民主型、专制型和放任型。家长既不能把孩子看成是自己的附属品而以强制命令的形式对孩子的所有活动加以干涉,也不能对孩子的喜怒哀乐漠不关心,对孩子的行为无任何要求和期望,放任不管。父母双方要注重与孩子的互动,虽然孩子有缺陷,但他们也是独立的个体,有独立的思想、感情、性格特点,父母应学会平等对待孩子,多与孩子商量,如孩子能独立做主的事情,就尽量尊重孩子。

> ### 四、重视良好的家庭氛围,做到教育一致性

孩子是否经常感受到轻松愉快、和谐友爱是教育成败的关键因素之一,同时也是孩子能否健康成长、心理健康发展的前提。为此,父母要能给孩子创造一个良好的家庭氛围和环境,这个环境应该是民主的、和谐的、友爱的,同时也是有规则和原则的。

父母只有以真诚、平等的态度与孩子交流,让孩子生活在亲情、友情和挚爱的氛围中,孩子才乐于接受家长的教育和批评。另外,家庭成员对孩子的教育要做到一致性原则,尤其是父亲和母亲对孩子要采取统一的教育要求、态度和方式方法,才能防止因教育矛盾引起的争吵、纠纷及由此给孩子带来的紧张和矛盾的心理。如果存在父母之间不一致的情况,尽量避免在孩子面前争论,可私下沟通、交流,交换各自意见,然后形成统一意见。

> 五、重视家校合作，促进融合教育

苏联教育家苏霍姆林斯基说："教育的效果取决于学校和家庭教育影响的一致性，如果没有这种一致性，那么学校的教学和教育过程就会像纸做的房子一样倒塌下来。"因此，良好的家校合作是非常重要的。通过家校合作，家庭能够获得融合团队的支持、与专业人员共同讨论孩子的发展问题、合作设计家庭康复方案等。家长是最了解孩子的人，家长应主动关心孩子的学习和心理发展，积极参与学校活动。

在融合教育中，家庭既是支持者又是参与者：一方面，家庭需要支持学校融合教育的开展，另一方面家庭更需要参与到学校融合教育中去。融合教育不仅仅是专业教育者的事情，家庭在融合教育中扮演着非常重要的角色。特殊儿童家庭作为融合教育的推动者，积极唤醒公众对特殊儿童的关注和对特殊教育的重视，并呼吁为特殊儿童提供与正常儿童同样的受教育的机会；同时，特殊儿童家庭作为融合教育的主要参与者，参与为特殊儿童制订个别化教育计划等，实现家庭教育和学校教育的有效融合。特殊儿童家庭是融合教育的直接受益者，在融合方案中所获得的支持与成长将有利于特殊儿童家庭整体生态的良性发展。

第八章
学前特殊儿童评估

◎ **本章聚焦**

1. 学前特殊儿童评估的原则
2. 学前特殊儿童评估的方法
3. 学前特殊儿童评估取向

◎ **本章结构**

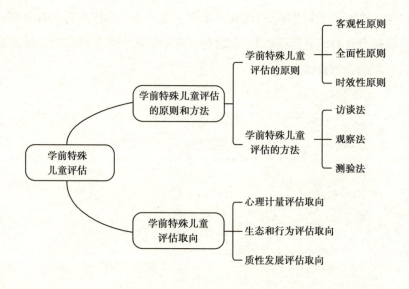

【小案例】

丹丹是怎么入园的？[1]

丹丹,4 岁半,发育迟缓幼儿。丹丹 1 岁 10 个月时,妈妈发现孩子一直不敢独立行走,语言比同龄孩子少,认知能力还不如 1 岁 1 个月的表弟……怀着焦虑的心情到某儿童医院检查,结果显示:全面发育迟缓。妈妈根据医生的建议,在康复机构给丹丹开始密集型的语言、认知、精细动作、感统训练。同时,一直寻找合适的幼儿园。丹丹妈

---

① 本案例由昆明学院附属儿童发展中心撰写。

妈回忆说:4 岁 2 个月前,前前后后找到了 10 所附近的幼儿园,结果都是孩子能力太弱,无法适应园内生活而被劝退回家。正当丹丹妈妈一筹莫展之时,听到另一位妈妈说起某大学附属幼儿园正在招生,其对象包括特殊幼儿,丹丹妈妈听后,立即要了地址当天下午赶到幼儿园门口一探究竟。园内老师告知下周二可将幼儿带来幼儿园熟悉之后进行评估,根据评估结果看幼儿适合进入幼儿园全融合班级还是特殊班级。

【大思考】

特殊儿童入园评估应该遵循哪些原则?包括哪些内容?

第一节　学前特殊儿童评估的原则和方法

学前特殊儿童需要经过评估方可入园。评估时,应遵循客观性、全面性、时效性的原则,采用访谈法、观察法、测验法、课程本位评估等方法对幼儿的认知、精细动作、粗大动作、语言沟通、生活自理与适应、社会技能等方面的发展进行评估。对学前特殊儿童进行评估,应由包括家长、普通教师、特教教师和幼儿园园长在内的评估团队来开展。

学前特殊儿童是被评估者,其家长是最熟悉、了解他的人,起着重要作用。教师包括普通教师、特教教师作为主要评估人,与幼儿及其家长面对面交流沟通,是评估的主要负责人。幼儿园园长是评估参与者,在幼儿安置、转衔方面意义重大。评估时,要尽可能地摒弃评估者的主观性,评价学前特殊儿童发展的真实水平。

> 一、学前特殊儿童评估的原则

(一)客观性原则

1.多人参与评估

特教教师是个案负责人,主导整个评估过程,但是班级教师以及家长也要参与到评估之中,他们能够关注到个案在不同场景下的表现,他们会有不同的视角和意见。三方面评估意见的整合在一定程度上能避免主观性的判断。

2.不要揣测儿童的表现

尽量不要通过回忆的方式对个案的表现进行评估,无论用评估工具或现场观察,都要当面获取真实有效的信息。例如,孤独症儿童具有三个方面共性的发展障碍,但不能用共性的发展问题衡量每一名儿童。每一名儿童的发展都是独一无二的。

3.在个案最自然的状态下对其进行评估

个案在自然状态下的表现是最真实的。个案不熟悉评估教师和不熟悉场地的情况下都不是评估的最佳时机,特教教师可以在熟悉个案至少一周以后再对其做评估。

(二)全面性原则

1.不仅关注个案发展的不足,还要发现个案发展的优势

当一名儿童被诊断为学前特殊儿童后,他人容易以偏概全,用障碍问题看待儿童的所有表现。要杜绝这种做法,全面地了解和评估儿童。在评估的过程中,可以参考普通儿童的发展状态,但不要一味地与普通儿童对比,因为在对比之下,特殊需要儿童的发展都将是弱势。我们要进行更多的个案自身各领域之间的对比,或领域内各项目的对比,分析出个案发展的优势和弱势。

2.多领域的评估

儿童的发展是全人的发展,要从多个领域评估个案的发展状态,不能顾此失彼。言语发育迟缓的个案不仅仅要进行语言领域发展的评估,对孤独症儿童也不仅仅只从社会性等方面进行评估。学前特殊儿童是一个完整的个体,其在各领域的发展都存在相关性,所以对每一类学前特殊儿童都要从多领域进行评估,做到评估的全面性。

(三)时效性原则

与同龄儿童相比,虽然学前特殊儿童的发展较为缓慢,但随着年龄的增长,他们在各方面都会有变化,所以评估的间隔时间不宜过长,以两周为宜。时间太长,评估结果的时效性、客观性就会受到影响,制订出来的目标适宜度也会降低。

> 二、学前特殊儿童评估的方法

对学前特殊儿童评估的方法有很多,比较常见的有:访谈法、观察法、测验法等。

(一)访谈法

访谈法是指通过与受访人面对面地交谈来了解受访人的心理和行为的评估方法。通过访谈了解到学前特殊儿童的基本信息、相关病史、目前的基本能力(包含粗大动作、精细动作、认知、语言、沟通、生活自理等)和家庭教养方式等。

因研究问题的性质、目的或对象的不同,访谈法具有不同的形式。根据访谈进程的标准化程度,可将它分为结构式访谈、非结构式访谈和半结构式访谈。

结构式访谈,又名标准化访谈,是指按照统一的设计要求而进行的访谈。所谓"标准化",就是所有的受试者都接受完全一样的访谈过程。结构式访谈的特点在于整个研究在设计、实施和资料分析的过程中标准化的程度非常高。具体来说,结构式访谈

对选择访谈的对象的标准和方法、访谈中提出的问题、提问的方式和顺序、被访者回答的方式、访谈记录的方式等都有统一的要求；有时甚至对于访谈员的选择以及访谈的时间、地点、周围环境等外部条件，也要求对所有被访谈者保持一致。非结构式访谈又称为非标准化访谈，深度访谈，自由访谈。它是一种无控制或半控制的访谈，事先没有统一问卷，而只有一个题目或大致范围或一个粗线条的问题大纲。非结构式访谈的优点是有利于发挥访谈者和被访谈者的主动性和创造性，拓展和加深访谈问题的研究。缺点是访谈结果难以科学量化和对不同被访谈者的问题进行对比分析。半结构式访谈介于结构式访谈和半结构式访谈之间，它比结构式访谈更具弹性。评估者会有要研究的关键主题，以及一份访谈指引，访谈过程中根据这些关键点灵活地发问，此外还可以讨论新问题。

在对学前特殊儿童的访谈中，一般访谈的对象为其父母、主要照护者、班级教师、同伴等。在访谈时，要根据访谈事项，提前准备好相关问题。

（二）观察法

观察法是指评估者通过感官和辅助仪器，有目的、有计划地对处于自然情境下的学前特殊儿童的心理特征或行为表现进行系统感知和描述，从而获得有关事实材料的方法。在观察时，研究者会根据一定的研究目的、研究提纲或观察表，用自己的感官和辅助工具去直接观察被研究对象，从而获得资料。观察一般利用眼睛、耳朵等感觉器官去感知观察对象，由于人的感觉器官具有一定的局限性，观察者往往要借助各种现代化的仪器和手段，如照相机、录音机、显微录像机等来辅助观察。

科学的观察具有目的性和计划性、系统性和可重复性。观察法作为一种最基本、最重要的方法和途径，是收集学前特殊儿童资料的有效方式之一。根据观察是否具有系统性，可以分为系统观察和非系统观察。系统观察是针对学前特殊儿童的具体行为进行观察和记录，观察者需提前设计好观察时间表，并对观察的事项进行优先顺序排列，以探究学前特殊儿童行为背后所隐藏的问题。非系统观察则不需要事前的专门设计，观察者不需要按照一定的规则进行观察，观察的内容为观察目标相关的所有行为表现。

在针对学前特殊儿童使用观察法时，一般使用自然观察法和设计观察法两种。自然观察法是指调查员在一个自然环境中（包括家庭、学校等）观察被调查的学前特殊儿童的行为和举止。设计观察法是指调查机构事先设计模拟一种场景，调查员在一个已经设计好的并接近自然的环境中观察被调查的学前特殊儿童的行为和举止，所设置的场景越接近自然，被观察者的行为就越接近真实。

（三）测验法

测验法是采用标准化的心理测验量表或精密的测验仪器,来测量学前特殊儿童的心理品质的研究方法。通过心理和教育测验,对学前特殊儿童的心理现象或心理品质做定量分析,推测学前特殊儿童的心理特点。常用的心理测验有:能力测验、智力测验、成就测验、态度测验、人格测验等。测验法的基本要求是信度和效度,即一个测验的可靠程度和一个测验是否有效地测量了所需要的心理品质。这种方法的最大特点是对学前特殊儿童的心理现象或心理品质进行定量分析,具有很强的科学性,而且心理测验领域已出现了明显的计算机化的趋势,如在机上施测、自动计分、测试结果分析等。

测验法种类很多,根据不同的分类标准,把测验分为不同的类型。认识测验的类型,有利于有针对性地选择和有效地使用测验。

1.成就测验和心理测验

按照测验的性质,可以分为成就测验和心理测验。成就测验即指学业成绩测验,它测量的是经过教育或训练后,学前特殊儿童所具有的知识能力的水平,通过测验了解学前特殊儿童已经学会了什么和能做什么。心理测验是对学前特殊儿童的心理特征及个别差异进行估测、描述和诊断的一种方法。包括智力测验、人格测验、创造能力测验和能力倾向测验等。

2.准备性测验、形成性测验和终结性测验

按测验时机,可分为准备性测验、形成性测验和终结性测验。准备性测验是指在进行某一新的学习任务或工作之前实施的测验。主要用来了解学前特殊儿童是否具备完成某一新的学习或工作任务所需要的知识和技能。形成性测验是指在教学或训练过程中实施的测验。形成性测验注重了解学前特殊儿童是否达到规定的教学或训练目标,其测验结果可为教师和学生提供反馈信息,即为教师或康复训练师确定指导方法、制订后续教学或训练计划,为学前特殊儿童改进学习提供依据。终结性测验是在教学或训练结束时进行的测验。其目的在于了解学前特殊儿童对目标的完成情况,检查是否达到要求,并对学前特殊儿童给予全面的评定。

3.客观性测验和主观性测验

按试题类型,可分为客观性测验和主观性测验。客观性测验是指采用客观性试题的测验。客观性测验评分的客观性强,能有效消除评分者的评分误差。主观性测验是指采用主观性试题的测验。主观性测验的评分受评分者主观因素影响较大。

4.标准化测验和自编测验

按测验的标准化程度,可分为标准化测验和自编测验。标准化测验是指从试卷编制、施测、评分记分到分数合成与解释全过程的标准化。测验标准化的目的在于尽量减少测量误差，测验的规模越大、越重要，要求的标准化程度越高。自编测验是指由个人或集体编制试卷，由个人或学校组织施测、评分，分数合成采取各种原始分数简单相加的方法的测验。自编测验与内容联系紧密，针对性强，通过这种测验教师可以随时了解学前特殊儿童的情况。

5.常模参照测验和标准参照测验

按解释分数的标准，可分为常模参照测验和标准参照测验。常模参照测验是以常模为标准来解释测验分数意义的测验。所谓常模是指一定群体在所测特质上的一般水平，它是解释分数的标准或参照点。常模参照测验的目的在于把测验成绩作横向比较，指出每个被测对象在某一参照群体中的相对地位的高低。标准参照测验是以预先确定的目标为标准来解释分数意义的测验。将每个被试的成绩与预定的标准比较，看其是否达标，以及达到什么程度。标准参照测验的目的在于测量学前特殊儿童达到预定目标的程度，而不是为了进行个人间的横向比较。这种测验与内容、教学过程结合紧密，有利于了解学前特殊儿童对知识与技能的掌握情况，诊断教学或训练问题，不断改进。

第二节　学前特殊儿童评估取向

评估是评估者通过多种方式收集个体现有发展状况，整理和分析数据，得出个体现有发展水平的过程。在融合幼儿园中可以采用三种评估取向对学前特殊儿童进行评估：心理计量评估取向、生态和行为评估取向、质性发展评估取向。

一、心理计量评估取向

心理计量评估取向就是使儿童特性量化，并将其达到量化结果与常模或标准相互比较。这类评估取决于年龄或母群标准来进行有意义的解释。其目标在于：

(1)引出量化的功能指标，而不是质的功能指标；

(2)引出数字进行个体内和个体间的比较；

(3)引出结果与特定同龄组儿童的能力和特性作比较。

(一)韦氏智力测验

韦氏智力测验(Wechsler Intelligence Scale)是国际公认的使用范围最广、最权威的诊断性智力测验量表。不少研究结果均支持韦氏全面智商的概念，量表的个别分部测验亦可测试某些独特能力。它是由美国医学心理学家大卫·韦克斯勒(David Wechsler)于 1949 年开始主持编制的系列智力测验量表。该量表于 1981 年由湖南医科大学龚耀先教授等主持修订。1979—1981 年间,在龚耀先主持下完成基于 WAIS 的修订工作,称中国修订韦氏成人智力量表(WAIS-RC)。分为城市和农村两个版本,各分测验项目的难易排列顺序和计算量表分与智商的标准不同。

(二)希-内学习能力测验

希-内学习能力倾向测验(Hiskey-Nebraska Test of Learning Aptitude,H-NTLA)是一种个别施测的标准化智力测验,专门为听觉障碍儿童编制的一套非文字智力测验,由美国内布拉斯加的希斯基于 1941 年设计。所有测验根据被试的不同年龄制订标准,同时都考虑听障儿童的特点。整套测验包括 12 个分测验:串珠、色彩记忆、辨认图画、看图联想、折纸、视觉注意广度、摆积木、完成绘画、记数字、迷津、图片类比与空间推理。均以操作形式进行,时间为 50~60 分钟,只能个别施测。

(三)瑞文标准推理测验

瑞文标准推理测验(Raven's Standard Progressive Matrices,SPM)由英国心理学家 J.C.瑞文(J.C.Raven)于 1938 年创制,测量个体的观察能力和思维能力,在世界各国沿用至今。它是一种非文字智力测验,整个测验有 5 个单元,由 60 张图组成,每个单元由矩阵构图组成,个体的思维要求是从直接观察到间接抽象推理的渐进过程,矩阵的结构也是从一个层次到多个层次越来越复杂。

瑞文标准推理测验按难度的逐步增加顺序分成 A、B、C、D、E 五组,每组都有一定的主题,题目的类型略有不同。从直观上看,A 组主要测知觉辨别力,图形比较,图形想象力等;B 组主要测类同比较,图形组合等;C 组主要测比较推理和图形组合;D 组主要测系列关系,图形套合,比拟等;E 组主要测互换、交错等抽象推理能力。

> 二、生态和行为评估取向

目前,行为改变技术已被广泛地用于幼儿到成人以及亲子关系到刻板性行为等问题,大量的实践证明,行为改变技术可以成功地处理各类身心障碍儿童的独特而复杂的行为问题。多年来生态及行为评估取向的研究证实,环境对儿童的行为和发展有着显著的影响。生态与行为评估取向之间的主要差异在于:界定和评估影响的方法。

在传统的生态取向评估中,儿童行为被视为整体情境相互依赖的一部分,这种方法主张在自然环境中评估儿童的行为。依据勒温的观点将"行为"(Behavior)界定为:是个人(Person)在环境(Environment)中的活动,也就是 B=f(PE)。而在行为评估取向的功能性分析中则将"行为"界定为:是特定的环境刺激(S)引出或增强行为(B)。用公式表示为:B-f(S),行为被看作是一种增强的刺激反应。综上所述,生态和行为评估取向之间既有区别,也有共同的评估特点。

(一)生态和行为评估取向的共性特点

(1)两种取向都依靠对儿童的系统观察作为评估的方法,只是观察方法不同。

(2)两种取向都强调评估策略与年龄无关。换句话说,两种取向都可评估任何儿童,而无须考虑他们的年龄或成熟度,观察内容可能是特定阶段的,但观察过程不受年龄影响。

(3)两种取向的评估方法都是标准参照,而不是常模参照。这是对照儿童的环境角色,而不是依据常模所界定的母体群。

(二)生态和行为评估取向之间的区别

(1)评估的焦点不同。生态取向评估的焦点在于界定行为的情境脉络,而行为取向评估的焦点在于界定刺激-行为的关系。

(2)评估方法不同。生态取向评估的是自然的、非参与性观察;而行为取向评估则是在不同实验控制条件下观察行为。

(3)推论水平不同。生态取向评估是记录完成后推论有关行为的相互依赖;而行为取向评估则是观察刺激-行为的关系之前,将行为操作化。

(4)分析单位不同。生态取向评估的分析单位是行为形式和顺序;而行为取向评估则是行为频率和持久性。

(三)生态和行为评估取向的目标

生态和行为评估取向所获得的资料不同于其他取向的评估。该取向在于提供方法去评估环境的功能性和脉络性。因此,生态和行为评估取向的目标主要在于:界定行为的环境脉络关系。

生态和行为评估取向认为,行为无法凭空评估,而且评估结果也未必可以在各种情境中产生类化。但是,成功的评估结果却可以用来指定介入的措施。事实上,了解行为的环境脉络关系不仅可以产生有关儿童行为情境或脉络关系的资料,也可以用来推论有关行为和刺激间的因果关系。

(四)生态和行为评估取向需注意的问题

在学前特殊需要儿童评估中,运用生态和行为评估取向时必须注意下述问题。

1.生态取向

应用生态取向评估时,应注意两个问题,即强调自然的概念和评估的方法。

（1）强调自然的概念。

例如，斯科特认为评估应包括四项自然层面的元素，即自然的行为、情境、处理以及环境条件中的行为与理论及实践范围间的搭配。若要把这项自然概念落实到评估的实践中，就需要考虑行为的情境，并根据先前决定的标准来观察、记录。在这方面，作为观察者应该尽可能无偏见和无推论地记录事件。完成所有记录之后，分析记录以决定可能会发生的形式和顺序。这种取向就是使用年代表，是一种环境脉络内系统的、时间参照的行为记录。如果检查年代表可以产生分析单位（如活动单位），那么就可以了解行为和环境的相互依赖关系了。

（2）关于评估的方法。

由于这种取向强调自然性，所以应该尽可能采用非参与性的观察，而且观察范围是全面的，而不是选择性的。在实施过程中，主要运用直接观察、访谈、记录分析等方法，来搜集儿童在环境中的发展情况。在生态取向评估中，我们可以设计能够反映自然性的评估，强调以学生为中心，观察学生在家庭、学校、社区等环境中的能力表现，同时降低运用推论来获得资料的可能性。由于生态评估取向能够提供一种测试环境对行为产生直接影响的系统方法，所以，生态取向评估尤其适用于身心障碍儿童。

2.行为评估

采用行为取向评估时，至少有以下两个问题需要加以考虑。

（1）定义操作性行为和选择观察行为。

和生态取向评估相比，行为的功能性分析需要在评估之前将观察目标用操作化定义加以界定。这就意味着要精细地界定所关注的行为，包括在何种环境下记录行为。例如，我们可以将一位孤独症儿童"吸吮手指行为"的操作性定义描述为"上课时随意把手指放在嘴里吸吮"。然后观察记录吸吮手指行为的持久性或发生次数。在这个案例中，评估目标在于考察与学校行为表现有关的儿童特点，这种特点可以用数值来表示儿童在特定行为上的持久性和时间百分比。而这一数值一旦和预期行为标准或同伴行为相比较，就可以显示出它的真正意义了。

操作性定义的运用在行为观察上被认为是减少评估上模棱两可、增进观察者间信度的重要方法。毫无疑问，这种界定行为的方式将会降低类化，限制所要记录的行为，使观察记录的目标更加明确。

（2）观察方法的选择。

正如前述，操作性定义会限制所要记录的行为，观察方法也决定了评估的内容。这种取向评估有许多特定的方法，可以依据次数、持续时间、时距或时间取样记录来进行归类。例如，要观察哭闹的行为，持续时间的测量可以显示哭闹的长度，而频率测量则会显示哭闹的次数,重复观察可以发现哭闹持续时间由 130 秒改变为 55 秒,而次数测量可能显示哭闹次数仍然是一样的。从这个案例来说,持续时间测量应是选择的恰当的观察方法,因为它产生的资料反映了改变,而次数测量方法则没有。对于其他行为来说,可能恰恰相反,这进一步说明将观察方法与所关注的行为配对的重要性。

＞　三、质性发展评估取向

质性发展评估主要是依据儿童特性的质的改变,分阶段地界定儿童心理特性的发展水平。主要的理论基础为:弗洛伊德的"心理性器期"阶段论、埃里克森的人格发展阶段论、皮亚杰的儿童认知发展阶段论。质性发展评估揭示了心理特性发展的阶段和本质,其在本质上是非常模块化的,关键在于分析心理结构、确定功能运作的阶段及考查发展能力。评估的范围主要有:生理发展状况、感知觉发展能力、认知发展能力、语言发展能力、动作发展能力、社会发展能力、适应行为能力、情绪与行为能力等。

(一)格赛尔发展诊断量表

《格赛尔发展诊断量表》于 1940 年由美国心理学家 A.格塞尔及其同事制订,是心理学界、医学界、教育界公认的经典量表。格塞尔认为,儿童的行为系统的建立是一个有次序的过程,反映了神经系统的不断成长和功能的分化,因而可以把每个成熟阶段的行为模式作为智能诊断的依据。《格塞尔发展诊断量表》主要从四个方面对儿童进行测查:一为动作,分粗动作和细动作;二为顺应,测查儿童对外界刺激物的分析综合以顺应新环境的能力;三为言语,即听、理解语言和语言表达的能力;四为社会应答,指与周围人们的交往能力和生活自理能力。将儿童在这四个方面的表现与正常儿童的发展顺序对照,可分别得到在每一方面的发育商数。由于发育商数提供了发育速率的指标,因此对临床诊断有相当大的价值。《格塞尔发展诊断量表》不但在国际上得到广泛应用,而且成为编制儿童测验的楷模,后来许多儿童量表的项目都是取自格塞尔发展量表。

(二)双溪评估量表

《双溪评估量表》由"台湾双溪启智文教基金会"研制,是兼具发展性与功能性、涵盖七大发展领域的特殊儿童评估量表,针对各领域的发展设置多项评量内容,通过评估记录,及"综合发展侧面图",可得知特殊儿童各领域发展之分布情形,加上二次评量之间的差异,可得知该特殊儿童各领域进展速度。据此为特殊儿童制定长短期个别化训练目标,包含感官知觉、粗大动作、精细动作、生活自理、沟通、认知、社会技能七大领域。

（三）自闭症儿童发展本位行为评量系统

《自闭症儿童发展本位行为评量系统》由台湾彰化师范大学复健咨商研究所凤华教授团队研制，经过彰师大应用行为分析发展研究中心八年的实践验证和重庆师范大学自闭症儿童研究中心五年的实践验证和修订，是解决 0~12 岁自闭症儿童"教什么"和"怎么教"的一套评量系统。

该系统包括三大主轴，以响应自闭症儿童发展的核心需求。

第一大主轴是回应 DSM-5 对自闭症诊断中新增加项目"感官知觉过高或过低的反应形态"。自闭症者在感官知觉方面有其特殊偏好及局限性，教学前若能了解其特殊性，一方面可以让个体免于焦虑，另一方面则可依其偏好安排适当的环境，以建立具安全感的环境。

第二大主轴包含发展五大领域：沟通、社会情绪、认知、适应行为及动作发展。评估以发展阶段为基础，自闭症儿童的核心需求为考虑，期待能敏锐地感应到自闭症者的特殊需求，提供适切的评量系统。同时，该评量系统以课程本位的概念进行编撰，评量之后即可转换为教学目标，与教学密切结合，让教学者可以很快确认教学方向。

第三大主轴是转衔评量的设计，为适应学龄前阶段的儿童能顺利进入小学阶段，该评量系统也加入基础转衔能力的评量，协助其能快速适应新的学习环境。

参考文献

[1] 莱斯利·P.斯特弗,杰里·盖尔.教育中的建构主义[M].上海:华东师范大学出版社,2002.

[2] 泰勒.课程与教学的基本原理[M].北京:人民教育出版社,1994.

[3] 曹莉.学前融合教育政策发展中地方政策执行的实践与展望——以江苏省为例[J].绥化学院学报,2022,42(04):29-35.

[4] 曹漱芹.概观德国不来梅州学前融合教育.中国特殊教育[J],2006(5):18-23.

[5] 陈莲俊.浅谈学前融合教育的课堂教学原则[J].幼儿教育(教育科学版),2006(08):40-43.

[6] 陈佑清.教学论新编[M].北京:人民教育出版社,2011.

[7] 程胜.合作学习[M].福州:福建教育出版社,2005.

[8] 邓猛.更新观念,办好学前融合教育[J].现代特殊教育,2020(07):1.

[9] 邓猛.融合教育理论指南[M].北京:北京大学出版社,2017.

[10] 范国睿.教育生态学[M].北京:人民教育出版社,1999:8.

[11] 凤华.自闭症儿童发展本位行为评量系统[M].重庆:重庆大学出版社,2019.

[12] 高智怡.学前音乐教育中学生学习困难的原因及对策[J].黄河之声,2020(14):136-137.DOI:10.19340/j.cnki.hhzs.2020.14.

[13] 葛新斌.关于特殊儿童教育安置模式的理论分析[J].教育导刊,2006(03):50-53.DOI:10.16215/j.cnki.cn44-1371/g4.2006.03.

[14] 哈经雄,滕星.民族教育学通论[M].北京:教育科学出版社,2001.

[15] 韩影.学前儿童特殊教育支持保障体系构建——以黑龙江省为例[J].绥化学院学报,2020,40(01):151-156.

[16] 何凯黎,张慧.台湾地区学前融合教育综述与启示[J].早期教育(教育教学),2018(4):21-23.

[17] 柯克.特殊教育概论[M].韩福荣,等,译.台北:双叶书廊有限公司,2011.

[18] 雷江华,刘慧丽.学前融合教育[M].北京:北京大学出版社,2019(10).

[19] 雷江华,方俊明.特殊教育学[M].北京:北京大学出版社,2011.

[20] 李拉.随班就读巡回指导的现实困境与对策[J].现代特殊教育,2012(08):31-33.

[21] 李明欢."多元文化论争"世纪回眸[J].社会科学研究,2001(3):99-105.

[22] 里·托马斯.儿童发展理论[M].郭本禹,等,译.6版.上海:上海教育版社,

2009.12.

[23] 刘焱.幼儿园游戏与指导[M].北京:高等教育出版社,2012.

[24] 麻彦坤,叶浩生.维果茨基最近发展区思想的当代发展[J].心理发展与教育,2004
(06):89-93.

[25] 马仁海,梁海涛.心理关怀视阈下的特殊儿童家长心理困境与干预对策[J].襄阳
职业技术学院学报,2021:38-42.

[26] 毛荣建,刘颂,孙颖.特殊幼儿学前融合教育[M].北京:知识产权出版社,2019
(9).

[27] 潘齐敏,张哲璇,林少菁,等.2~8岁孤独症儿童与学前听障儿童进行语言融合教
育的研究[J].科教文汇(下旬刊),2020(07):168-170.DOI:10.16871/j.cnki.
kjwhc.2020.07.

[28] 彭晓明.校园文化为核心的学校管理模式浅析[J].经济与管理科学,2015:58,56.

[29] 皮亚杰.发生认识论原理[M].王宪钿,等,译.北京:商务印书馆,1981.

[30] 朴永馨.特殊教育辞典[M].3版.北京:华夏出版社,2014.

[31] 沈晶.建构主义学习理论与教学革新[J].湖北教育学院学报,2005(02):97-100.

[32] 盛永进.特殊儿童教育导论[M].南京:南京师范大学出版社,2015.

[33] 石丽娜.美国联邦政府学前残疾儿童教育政策的发展历程研究(1965—2012)
[D].长春:东北师范大学,2015.

[34] 孙怡青.高自我效能特殊儿童父母的教养心路历程研究[D].石家庄:河北师范大
学,2020.

[35] 滕星.族群、文化与教育[M].北京:民族出版社,2002.

[36] 涂启锋."四位一体":融合教育的实施机制———以武汉市德才中学为中心的考
察[D].武汉:湖北大学,2007.

[37] 万慧颖.学前特殊儿童教育补偿研究[D].长春:东北师范大学,2014.

[38] 汪甜甜,邓猛.欧洲学前融合教育生态系统模式:让所有儿童共享美好童年[J].学
前教育研究,2022(02):16-26.DOI:10.13861/j.cnki.sece.2022.

[39] 王春燕.幼儿园课程概论[M].北京:高等教育出版社,2007.

[40] 王辉.特殊儿童教育评估[M].南京:南京师范大学出版社,2015.

[41] 王琳琳.云南省多民族地区幼儿教师对学前融合教育态度的调查[J].中国教师,
2014(17):69-73.

[42] 王坦,高艳.合作教学理念的科学创意初探[J].教育探索,1996(4):17-19.

[43] 王坦.合作学习:一种值得借鉴的教学理论[J].普教研究,1994,8(1):5-8.

［44］吴淑美.融合教育与实践［M］.北京:华夏出版社,2018.

［45］肖少北.布鲁纳的认知——发现学习理论与教学改革［J］.外国中小学教育,2001
（05）:38-41.

［46］谢虹,王龙会.注意缺陷多动障碍儿童家长心理健康状况及相关因素研究［J］.精
神医学杂志,2010,23（03）:195-197.

［47］杨广学,张巧明,王芳.特殊儿童心理与教育［M］.北京:北京大学出版社,2017.

［48］杨玉凤.儿童发育行为心理评定量表［M］.北京:人民卫生出版社,2016.

［49］庾诗华,饶淑园.3-6岁学前儿童情绪与行为问题的调查与分析——以惠州市为
例［J］.陕西学前师范学院学报,2020,36（09）:91-97.

［50］张福娟,马红英,杜晓新.特殊教育史［M］.上海:华东师范大学出版社,2000.

［51］张欢.学前融合教育环境下自闭症幼儿早期干预的个案研究［D］.杭州:浙江师范
大学幼师学院,2011.

［52］张静,杨广学.美国学前融合教育的发展研究［J］.绥化学院学报,2015（7）:4-8.

［53］张文京.融合教育与教学支持［M］.重庆:重庆大学出版社,2020.

［54］张瑶,汪甜甜,朱涵.美国高质量学前融合教育指标体系的解读及启示［J］.残疾人
研究,2022（01）:56-62.

［55］张仲仁.德国特殊教育的现状［J］.外国中小学教育,1996（1）:27-28.

［56］赵梅菊,肖非.完全融合与多元安置:美国特殊儿童安置模式的争论［J］.比较教育
研究,2016,38（11）:98-103.

［57］赵文怡.学前儿童融合教育的现状及对策［J］.新智慧,2020（04）:117.

［58］中华人民共和国教育部.3~6岁儿童学习与发展指南（试行）.北京:首都师范大学
出版社,2012.

［59］周念丽,潘紫剑.特殊婴幼儿的心理发展与保教［M］.上海:上海科技教育出版
社,2019.

［60］周念丽.融合保教对正常儿童心理发展的意义［J］.幼儿教育,2003（03）:12-13.

［61］周念丽.学前融合教育的比较与实证研究［M］.上海:华东师范大学出版社,2008.

［62］周念丽.在融合教育中培育教师和幼儿的美好心灵［J］.幼儿教育（教育教学）,
2011（31）:7.

［63］周琴妹.学前融合教育中自闭症幼儿同伴支持的现状及策略初探［J］.教师,2022
（05）:69-71.

［64］朱霖丽,戴玉蓉.融合教育实践指南:家校合作实务［M］.上海:上海交通大学出版
社,2021.